L'ÉVANGÉLISATION POPULAIRE

AF311533

DANS

L'OUEST DE LONDRES

PAR

A. FAURE

Candidat au Saint Ministère dans l'Église Évangélique Méthodiste
de France

NIMES

IMPRIMERIE LA LABORIEUSE

Ruelle des Saintes-Maries, 7

1898

L'ÉVANGÉLISATION POPULAIRE

DANS

L'OUEST DE LONDRES

PAR

A. FAURE

Candidat au Saint Ministère dans l'Eglise Evangélique Méthodiste
de France

NIMES

IMPRIMERIE « LA LABORIEUSE »

Ruelle des Saintes-Maries, 7

1898

NF
623

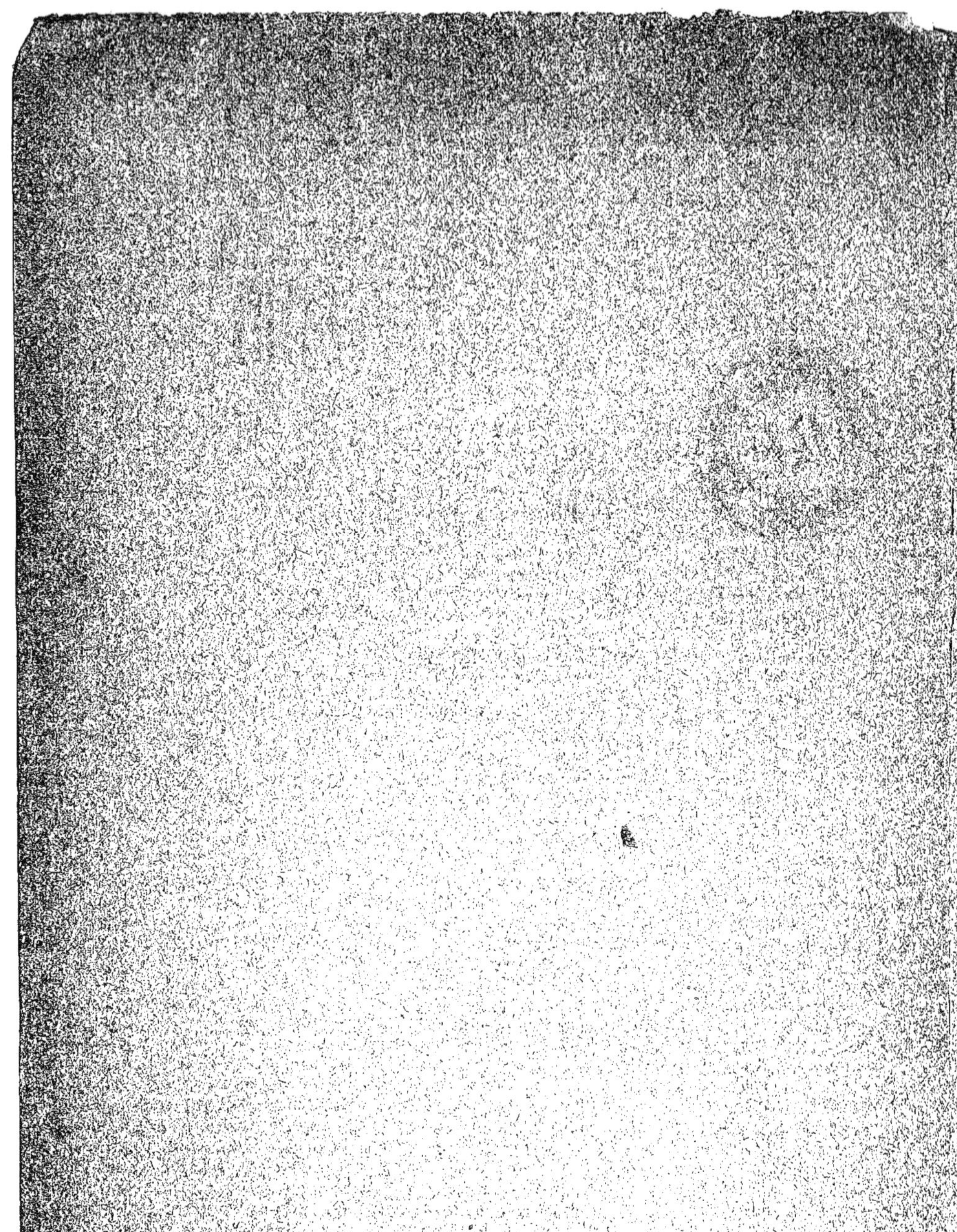

INTRODUCTION

La question de l'Evangélisation populaire est à l'ordre du jour. En France, tous les journaux religieux en parlent. Les Conférences pastorales l'ont inscrite plusieurs fois dans leur programme ; des ouvrages et des brochures du plus haut intérêt ont paru récemment sur la nécessité de répandre l'Evangile dans notre pays et sur les meilleures méthodes à suivre pour le présenter aux indifférents, aux incrédules et aux catholiques. Mentionnons entre autres : *Deux Eglises relevées* ; (1) *Comment réveiller nos Eglises*, par M. J. Séquestra ; *L'Evangélisation : Principes et Pratique*, par le Dr Pierson, traduit par M. le pasteur Lortsch ; *L'Eglise et l'Evangélisation*, par M. S. Delattre, etc.

Nos Eglises évangéliques, joignant la pratique à la théorie, se lancent résolument dans l'Evangélisation populaire. Un signe réjouissant, à la fin de notre dix-neuvième siècle, c'est de voir toute une cohorte de jeunes pasteurs qui, sortant de la vieille ornière, se demandent avec anxiété : que devons-nous faire pour gagner des âmes à Jésus-Christ ? Comment pouvons-nous prêcher l'Evangile aux masses plongées dans la superstition, le matérialisme et l'inconduite ?

---

(1) Résultat d'un concours ouvert par la Société française pour l'observation du dimanche. Paris et Toulouse (1893).

Ces mêmes questions préoccupent aussi les chrétiens d'Angleterre. Nos voisins d'Outre-Manche, les méthodistes en particulier, font de grands sacrifices pour évangéliser ceux qui ne fréquentent aucun lieu de culte. Dans plusieurs villes, les Eglises wesléyennes ont commencé des *Missions*, c'est-à-dire des œuvres d'évangélisation agressive en vue de gagner à Jésus-Christ, la classe ouvrière, les pauvres et les victimes du vice.

Ces Eglises, comprenant qu'elles devaient évangéliser tout d'abord les grands centres, ont fondé des *Missions* à Leeds, à Manchester, à Bristol, à Edimbourg et ailleurs. Mais, c'est surtout vers Londres qu'elles ont dirigé leurs plus vigoureux efforts. Comme le disait énergiquement un pasteur, en 1894 : « La Grande Bretagne est de plus en plus dominée par Londres. Si les Eglises évangéliques d'Angleterre n'évangélisent pas Londres, Londres les entraînera dans le paganisme. Cette ville est aujourd'hui ce que Rome était au commencement de notre ère. La bataille décisive du christianisme doit être livrée, gagnée ou perdue dans Londres. Cette immense cité se réveille... Elle demande un Chef. Si les chrétiens anglais sont fidèles et prompts, ce Chef sera Jésus-Christ ». (1)

Avant la fondation de la *Mission* de Londres, plusieurs chapelles se vidaient. Le méthodisme, dans certains quartiers, semblait péricliter. Les pasteurs de ces circuits eurent alors la pensée de commencer une œuvre d'évangélisation populaire et bientôt, avec de nouveaux moyens, ils virent leurs efforts couronnés de succès. En 1889, après trois ans d'existence, la *Mission méthodiste* comptait 9 pasteurs avec 1583 mem-

---

(1) 7ᵐᵉ rapport de la « West London Mission », 1894, p. 10-11. Paroles du rév. H· Price Hughes.

bres et 399 membres sous épreuve. Aujourd'hui, elle emploie une quinzaine de pasteurs, soixante diaconesses et un grand nombre de prédicateurs laïques. Elle n'a pas moins de six mille membres et possède vingt-deux salles d'évangélisation, ce qui lui permet, le dimanche soir, d'annoncer l'Evangile à quinze ou vingt mille personnes.

Cette Mission se subdivise en quatre grandes branches ou circuits :

1° La Mission de l'Est (*East London Mission*), dirigée par le rév. Peter Thompson ;

2° La Mission du Centre (*Central London Mission*), sous la surintendance du rév. J. E. Wakerley ;

3° La Mission du Sud (*South London Mission*), sous les soins du rév. J.-H. Hopkins ;

4° La Mission de l'Ouest (*West London Mission*), fondée et dirigée par le rév. H. Price Hughes

Toutes ces Missions, travaillant dans les divers quartiers de Londres, sont en pleine prospérité. Leurs rapports annuels sont remplis de faits encourageants. Elles ont à leur tête des pasteurs dévoués qui font une œuvre agressive et bénie dans leurs circuits respectifs.

Malgré l'intérêt que présente chacune de ces Missions, nous ne les suivrons pas toutes dans leurs différents champs d'activité. Nous nous bornerons à décrire avec quelques détails l'œuvre de la *West London Mission* qui, de l'avis de beaucoup de personnes, est la plus importante des quatre branches de la Mission méthodiste. (1) Du reste, en étudiant cette œuvre prin-

______

(1) M. Hughes a toujours cru que les chrétiens devaient évangéliser l'Ouest de Londres, car ce quartier devient de plus en plus important : « Si vous n'essayez pas de conquérir le « West-End », disait-il l'année dernière au Congrès des Eglises Indépendantes, vous ne pourrez jamais conquérir Londres lui-même ». *The Methodist Times* du 18 mars 1897.

cipale, nous aurons une idée exacte du travail accompli par ses trois sœurs, car ces différentes Missions ont toutes les mêmes principes, le même but et elles emploient les mêmes méthodes.

Ajoutons que c'est cette partie de l'Evangélisation populaire à Londres que nous connaissons le mieux. Pendant notre séjour d'un an à l'Institut missionnaire et théologique de Richmond (Surrey), nous avons vu de près l'œuvre de M. Hughes et de ses collaborateurs. Les services auxquels nous avons assisté ont été pour nous un puissant stimulant. Nous ne pourrons jamais dire tout le bien qu'ils nous ont fait. Parfois, en présence d'un immense auditoire chantant les beaux cantiques de la Mission ou écoutant avec avidité la prédication de l'Evangile, nous nous sentions comme électrisé, et, dans notre enthousiasme pour l'évangélisation de notre patrie, nous nous disions tout bas : « Quand sera-ce que nous aurons en France de pareilles réunions dans nos salles populaires ? »

Afin de donner une idée complète de l'œuvre accomplie par la Mission du « *West-End* », nous commencerons par décrire son champ de travail ; puis nous ferons connaissance avec ses principaux ouvriers ; ensuite nous montrerons la marche de la Mission en étudiant successivement ses débuts, ses méthodes et ses résultats. Nous terminerons notre travail en examinant dans quelle mesure nous pouvons imiter la « *West London Mission* » dans l'Evangélisation populaire en France.

I. Le champ de travail de la Mission

Londres est la plus grande capitale de l'Europe. Il compte plus d'habitants que Paris, Berlin, Vienne et Saint-Pétersbourg réunis.

Cette immense cité de six à sept millions d'âmes grandit sans cesse. D'après les statistiques officielles, il y a dans cette ville une naissance toutes les quatre minutes. Les nouvelles rues que l'on ajoute chaque année aux anciennes, si on les mettait bout à bout, formeraient une longueur de soixante-quinze kilomètres.

Londres est, par **excellence**, la ville du mouvement et de l'activité commerciale. C'est le cœur de l'Angleterre auquel aboutissent toutes les artères du Royaume-Uni. La multitude de fiacres, d'omnibus et de tramways qui se croisent et s'entrecroisent sans relâche, le va-et-vient continuel de la foule toujours pressée qui parcourt les rues et traverse en courant les places publiques, — tout dans cette immense et bruyante cité rappelle le proverbe anglais : *Time is money*, (le temps, c'est de l'argent).

Londres est également la ville des contrastes. On y découvre la richesse la plus somptueuse à côté de la misère la plus noire. Les Londonniens dépensent annuellement cinq milliards de francs. Le voyageur qui visite cette capitale et qui admire la grandeur de ses édifices, le confort de ses maisons, le luxe de ses palais et l'éclat de ses hôtels resplendissants de lumière, pourrait croire au premier abord qu'à Londres tout le monde est heureux. Cependant, malgré ses richesses, cette grande ville est tristement remarquable par la misère qui règne parmi la majeure partie de sa population. D'après des calculs faits par des hommes compétents, (1) le tiers de ses habitants est au-dessous de la pauvreté ordinaire; plus de 700.000 individus vivent 3 ou 4 dans une même chambre; et plus de 100.000 n'ont qu'un logement pour 4.

Ce contraste est encore plus frappant à l'ouest de Londres, où travaille la Mission dont nous devons parler. Derrière les magnifiques maisons de *Piccadilly* et de *Regent street*, à une petite distance du Palais de la Reine et du Parlement, on découvre des ruelles étroites et des taudis infects, vrais centres de misère et de corruption. Dans le quartier de Soho, la pauvreté atteint les 42 pour cent et parfois les 51 pour cent de la population. Les pionniers de la Mission rencontrent souvent, en hiver, des familles entières sans travail, sans bois et sans feu, de pauvres petits enfants mourant de faim et grelottant sous leurs haillons.

Cette pauvreté provient à la fois du manque de travail et du prix excessif des loyers. Il faut payer en moyenne 7 francs 50 par semaine pour une ou deux chambres. Aussi, voit-on souvent toute une famille vivre dans une même pièce. On a trouvé, dans une maison que deux chambres étaient occupées à la fois par un homme, sa femme et trois locataires. Ailleurs, on a découvert qu'un homme, sa femme, neuf enfants et un pensionnaire n'avaient que deux chambres pour tout logement. Il n'est même pas rare de lire cette

---

(1) La plupart des chiffres que nous donnons ici ont été empruntés au rapport de la « West London Mission » publié en 1897; dans un article intitulé : *Wicked, miserable West London*, M. Hughes y décrit la triste condition morale de l'ouest de Londres.

annonce aux fenêtres : « *Partie de chambre à louer !* »

En même temps que les deux extrêmes de la richesse et de la pauvreté, Londres présente, au point de vue moral et religieux, les deux extrêmes de la vertu et du vice, de la piété et de l'indifférence.

Le dimanche, la plupart des églises se remplissent. Pour trouver une place, il faut aller de bonne heure au *City Temple* — le temple du célèbre Dr Parker — à *Westminster Abbey*, au *Tabernacle* de Spurgeon, pour ne mentionner que les principaux lieux de culte. La cathédrale de *Saint-Paul* même se remplit d'auditeurs avides de musique religieuse.

Et pourtant, malgré cet empressement de la foule, c'est le petit nombre qui va au culte. Dans un quartier de l'Est, il y a seulement 39 personnes, sur 4.235, qui fréquentent les temples ou les chapelles. Des milliers de gens n'ont pas été au culte depuis 20, 30 et même 40 ans. Il y a trois millions de personnes à Londres qui n'assistent jamais à aucun service divin.

Tous les vices que l'on peut découvrir dans cette grande cité semblent tenir le record dans l'Ouest. Le jeu, l'ivrognerie et la licence des mœurs y font de terribles ravages.

Le jeu pervertit toutes les classes de la société du *West End*. Les riches et les pauvres, les hommes, les femmes et même les enfants, tous aiment à parier. La nuit, les *clubs* sont remplis de joueurs passionnés. Les boutiques des coiffeurs sont souvent des agences de pari.

L'ivrognerie ne fait pas moins de mal dans ce quartier de Londres. Sur une petite étendue de la « paroisse » de la Mission, on a compté 545 cabarets. On a aussi observé que, dans un de ces débits, il entrait 100 personnes par heure et dans un autre, 133. Ailleurs, on a compté qu'en dix heures, le nombre d'habitués d'une de ses maisons s'élevait à 1.467, dont 776 hommes, 576 femmes et 115 enfants.

Le troisième fléau du *West-End*, c'est l'immoralité.

Sur les 36 théâtres de Londres, il y en a 29 dans l'Ouest.

Dans les environs de *Saint James's Hall*, la salle principale de la Mission, il n'y a pas moins, dit-on, de 500 maisons de corruption. Dans certains quartiers, le tiers des maisons sont des lieux de débauche. Beaucoup d'hôtels, de restaurants et d'établissements de massage sont des foyers de vices et de scandales. Plus de 3.000 vagabonds vivent de l'argent honteusement gagné par de pauvres filles perdues. Enfin, sur une centaine de victimes arrachées à la perdition et admises dans les *Homes* de l'Armée du Salut, on comptait 11 victimes de 16 ans, 17 de 15, 7 de 14, 5 de 13, 2 de 12 et 3 de 11 ans !

Ces quelques détails expliquent ce jugement d'un pasteur anglican : « Toutes les iniquités qui, au temps de Lot, souillaient les villes de la Plaine, se commettent maintenant dans l'ouest de Londres ». De son côté, M. Hughes déclare que « le *West End* » est le quartier général de tout ce qui est cruel, méchant et diabolique. C'est le grand centre du vice vers lequel tous les enfants de l'enfer, avec leurs poches pleines d'or, accourent avec avidité de tous les points du globe ». (1)

On le voit, le champ défriché par la Mission méthodiste du « West-End » présente les aspects les plus variés. Voici comment M. Hughes le décrivait dans une allocution prononcée en 1897 au Congrès des Eglises Indépendantes : « Dans ma grande paroisse, disait-il plaisamment, nous avons la Famille Royale, l'aristocratie, les habitués de tous les clubs, le Parlement, la

____

(1) Rapport de la « West London Mission » (1897) p. 16.

Bohême, les commerçants et les victimes du paupérisme... Puisque les méthodistes doivent aller vers ceux qui ont le plus besoin d'eux, je suis exactement au poste où John Wesley aurait aimé me voir : A *Piccadilly Circus !* »

C'est au milieu de cette pauvre population, minée par le vice et l'amour du plaisir que travaillent les ouvriers énergiques dont nous allons parler.

II. Les Ouvriers de la Mission.

La Mission possède un assez bon nombre d'agents. Elle a à son service des pasteurs, des laïques, des femmes dévouées, des musiciens très habiles.

1° LES PASTEURS

Les pasteurs sont au nombre de quatre. Ce sont les révs. Hugh Price Hughes, Mark Guy Pearse, C. Ensor Walters et W.-H. Lax.

M. le pasteur Hughes est le surintendant de la Mission. C'est un homme d'une cinquantaine d'années, d'un talent hors ligne ; il a ses diplômes officiels. Ses discours sont souvent d'une rare éloquence, surtout quand il flétrit les vices de la société. Il se tient au courant de toutes les questions du jour, ce qui lui permet d'en parler en public avec une assurance et une facilité étonnantes.

Cet orateur est aussi un écrivain très distingué, au style énergique et entraînant. Il est le rédacteur en chef du *Methodist Times*, l'un des plus grands organes hebdomadaires du méthodisme.

M. Hughes est enfin le grand apôtre du *Forward Movement*, c'est-à-dire du progrès, de la marche en avant. Dans ses articles comme dans ces discours, il prend toujours fait et cause en faveur des classes dépravées dont il recherche l'amélioration sociale. Aussi s'est-il acquis une grande popularité en Angleterre. Lorsqu'il paraît dans une réunion où il doit prendre la parole, il est généralement salué par les applaudissement et les hourrahs de la foule.

Son collègue, M. le pasteur Pearse, est, lui aussi, une des sommités du méthodisme anglais. Sa parole, tout autre que celle de M. Hughes, n'est plus un torrent impétueux renversant impitoyablement les opinions erronées ou les préjugés des adversaires ; elle ressemble plutôt à un ruisseau tranquille, apportant à l'âme la paix, le calme et la consolation.

Par l'onction communicative de sa prédication, par la douceur et la gaîté de son caractère, M. Pearse s'est aussi créé une grande célébrité en Angleterre et surtout dans le Cornouaille, où les foules se pressent dans les chapelles pour l'entendre.

Ajoutons que cet excellent pasteur, si sympathique à tout le monde et spécialement aux malades, aux affligés et aux enfants, est aussi un écrivain très goûté. Ses livres sur *Elie, l'homme de Dieu, Quelques Pensées sur la Sainteté, Quelques aspects de la Vie heureuse,* ses *Histoires de Cornouaille,* pleines de fraîchéur et d'humeur, et ses *Sermons pour les Enfants,* si riches en idées originales, sont très connus et appréciés dans le monde méthodiste.

Les deux autres pasteurs, MM. Walters et Lax sont entrés plus récemment dans la Mission. M. Walters est encore tout jeune. Nous l'avons connu au collége de Richmond où nous avons souvent remarqué son talent de prédicateur.

Quant à M. Lax, nous n'avons jamais eu le plaisir de le rencontrer ou de l'entendre ; mais il n'y a aucun doute qu'il ne soit à la hauteur de sa tâche puisqu'il a été accepté par le Comité de la Mission.

2° LES LAÏQUES

A côté de ces pasteurs, merveilleusement doués pour l'œuvre à laquelle Dieu les a appelés, la Mission dispose de tout un bataillon de prédicateurs laïques et d'aides volontaires qui offrent gratuitement leurs services. Les uns, comme M. Piper, prêchent en plein air, les autres se tiennent aux portes des salles et font entrer et placer le monde. Ce sont les « Stewards » de la Mission. D'autres encore consacrent plusieurs heures par semaine aux visites à domicile et, le dimanche, président des réunions de tempérance et des services pour les enfants.

3° LES SŒURS DU PEUPLE

Dès le commencement de la Mission, M. Hughes comprit que le Méthodisme peut retirer de grands avantages en employant les talents de la femme dans l'évangélisation populaire, à condition toutefois que la femme fasse valoir ses dons dans la sphère que Dieu lui assigne. M. et M*me* Hughes firent appel à la bonne volonté de quelques chrétiennes dévouées, prêtes à se consacrer au service de Dieu. Trois jeunes dames se présentèrent. D'autres ne tardèrent pas à s'unir aux premières. Elles furent toutes accueillies et logées dans *Katherine House*, la maison affectée à ces femmes-missionnaires.

En entrant au service de la Mission, ces jeunes personnes prennent le nom de *Sœurs du peuple*.

Elles portent un costume spécial, à la fois simple et

élégant : il est noir, sauf le col et les manchettes d'une
blancheur irréprochable, et les larges rubans violet-
clair qui ornent le chapeau et tombent jusqu'au milieu
du dos.

Elles ne font aucun vœu et peuvent se retirer de
l'Œuvre quand elles le désirent. Tout ce qu'on attend
d'elles, c'est « qu'elles soient dignes du beau nom
qu'elles portent ». Elles sont les vraies « sœurs » des
privilégiés et des déshérités ; prêtes, s'il le faut, à faire
un lit, à frotter un plancher, à préparer un repas, à
soigner un bébé, comme « à répondre aux besoins
plus élevés de l'âme immortelle ». (1)

La *West London Mission* possède actuellement
vingt-sept « sœurs du peuple », (2) toutes placées sous
la direction de Mme Hughes, *Sœur Supérieure*, et qui
donne elle-même l'exemple du dévouement.

Le travail accompli par ces humbles et vaillantes
chrétiennes est d'un prix incalculable. Elles prennent
une part très active aux nombreuses réunions de la
Mission, en priant avec les personnes émues par la
prédication de l'Evangile ; elles dirigent des écoles du
dimanche, des réunions de classe ; et, surtout, elles
consacrent leur temps et leurs forces à faire de nombreuses visites.

En pénétrant régulièrement dans les plus sombres
foyers ; en écoutant avec intérêt les tragiques histoires
de tant d'êtres meurtris par la douleur ou abrutis par
le vice, ces vaillantes chrétiennes obtiennent bientôt
la sympathie des affligés et les conduisent à Celui qui
est « venu chercher et sauver ce qui était perdu » (Luc
XIX, 10).

---

(1) Premier rapport de la «West London Mission» (1888), p. 14.
(2) Les trois autres branches de la Mission méthodiste (Est, Centre
et Sud) ont en tout trente-trois « sœurs du peuple ».

Le fait suivant montre combien les pauvres savent apprécier cet amour désintéressé.

L'une de ces sœurs, qui avait quitté une magnifique position dans le nord de l'Angleterre, visitait, un jour, une femme infirme qui vivait isolée dans une petite mansarde. Touchée par les soins empressés de la sœur, elle lui dit : « Je me demande comment une demoiselle comme vous a pu venir me voir.

» — Voulez-vous que je vous le dise, répondit la sœur.

» — Oh ! oui ! s'écria la malade.

» — Eh bien ! c'est parce que je vous aime ».

A ces mots, la pauvre infirme fondit en larmes et, saisissant la main de sa visiteuse, elle l'embrassa avec effusion en disant, d'une voix entrecoupée par les sanglots : « Ma vie a été longue et pénible, mais jamais je n'ai entendu une parole d'affection comme celle que vous venez de m'adresser. »

Ajoutons que, sous l'inspiration de cet amour chrétien, les sœurs de la Mission travaillent courageusement, affrontent toutes les difficultés et puisent leurs plus grandes joies dans ce ministère d'abnégation et de dévouement : « Nous sommes souvent en face des tristes réalités de la vie, disait, un jour, la sœur Alice. L'existence des pauvres, parmi lesquels nous travaillons, est toujours monotone, et, quand la maladie survient, leur misère est profonde, presque désespérante. Mais, quelle joie pour nous, dans ces heures difficiles, d'apporter quelque secours et de témoigner un peu de sympathie à ceux qui souffrent ! Notre plus grand bonheur consiste à adoucir les peines cruelles et à parler d'espérance aux cœurs brisés. »

Quelle belle vie, que celle de ces femmes pieuses qui laissent souvent un intérieur confortable pour visiter les pauvres dans les bas-fonds de Londres, donner des conseils pratiques aux familles, encourager les faibles, prier au chevet des malades, tourner les regards des mourants vers le divin Crucifié, devenir les « sœurs » des orphelins et de tous ceux qui sont sans amis dans ce monde ! Ces humbles et vaillantes femmes sont dignes du respect et de l'admiration de tous les chrétiens. Ce sont des messagères bénies qui font sentir la puissance et l'amour du Christ aux malheureux. Aussi leur joie sera-t-elle grande dans les cieux ! Les âmes immortelles qu'elles auront amenées à la foi seront comme autant de perles étincelantes à leur couronne de gloire et d'immortalité.

4° LES MUSICIENS

La Mission fait une grande place à la musique et au chant. Elle a dans chaque salle un chœur nombreux et bien exercé. Elle possède en plus un grand orchestre de soixante-dix-neuf artistes jouant de toutes sortes d'instruments ; un orchestre militaire (*The Military Band*) de dix-sept exécutants et un troisième groupe composé exclusivement de joueurs d'instruments en cuivre (*The Brass Band*). Ce dernier accompagne les cantiques dans les réunions en plein air.

Beaucoup de ces musiciens sont payés, mais, par leurs concerts du samedi soir et leur présence aux services du dimanche, ils contribuent, comme nous le verrons, au succès de la Mission.

III. Les Débuts de la Mission

Un livre remarquable (1), publié en 1881 ou 1882, et décrivant la misère et les habitudes vicieuses de tous

____

(1) « The Bitter Cry of Outcast London » par le rév. A. Mearns, de l'Eglise congrégationaliste.

les déclassés à Londres fut comme une révélation pour
les Eglises évangéliques d'Angleterre. Les méthodistes
comprenant qu'ils devaient évangéliser la masse igno-
rante et dépravée, se tournèrent tout d'abord vers l'Est
de cette grande ville. Mais ils ne tardèrent pas à découvrir que le vice et le matérialisme étaient tout aussi
grands dans le *West-End*.

Un pasteur de Londres, le rév. Richard W. Allen,
conseilla fortement à M. Hughes de commencer une
œuvre d'évangélisation populaire dans ce quartier de
la capitale, déclarant qu'il était l'homme le mieux
qualifié pour une telle entreprise.

« J'étais si peu préparé pour l'œuvre à laquelle Dieu
allait m'appeler, dit M. Hughes, qu'au premier abord
je ris de l'idée de mon ami. Mais je me trouvai bientôt
en face de l'appel du Comité de la Mission de Londres,
qui m'avait choisi pour commencer une œuvre dans le
West-End. Naturellement je demandai un peu de
temps pour prier et réfléchir, avant de repousser cette
invitation si unanime. Je sentis bientôt que je devais
faire dépendre ma réponse au Comité de celle du rév.
Mark Guy Pearse, à qui je fis part de cet appel. M.
Pearse vit tellement que c'était là un appel de Dieu
lui-même qu'à sa grande surprise il se sentit poussé
à me dire : « Si vous acceptez cette invitation je suis
tout prêt à vous accompagner dans ce nouveau champ
de travail » (2).

M. Hughes considéra la réponse de son collègue
comme l'indication de la volonté de Dieu et il accepta
l'invitation du Comité de Londres.

Les débuts de la Mission furent difficiles. Comme il
n'y avait pas dans le *West-End* les éléments nécessai-

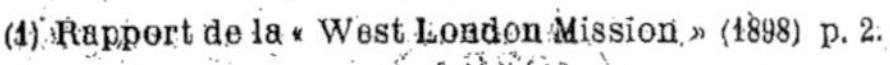

(1) Rapport de la « West London Mission » (1898) p. 2.

2

res pour fonder une association d'aides volontaires, il fallut y importer des ouvriers capables. M. Hughes s'adjoignit le concours de M. Josiah Nix, un homme fort bien doué, remarquable surtout par son esprit d'initiative et d'organisation.

Deux pasteurs, trois laïques et leurs familles quittèrent aussi leur champ d'activité dans la banlieue et vinrent s'établir au centre du *West-End*.

La première pensée de ces nouveaux missionnaires fut d'organiser une corporation de *Sœurs du peuple* (*The Sisterhood*) et de louer un grand local pour les réunions. Ils choisirent *Saint James's hall*, une très belle salle qui, depuis plus de vingt-cinq ans, était chaque dimanche au service d'une société d'évangélisation. Celle-ci, animée d'une grande largeur d'esprit, pensa que les méthodistes, avec des ressources plus considérables, pourraient mieux profiter des avantages de cet immense local et elle le leur céda.

Le vendredi, 21 octobre 1887, le célèbre et regretté C.-H. Spurgeon, malgré une santé déjà ébranlée, prêcha dans cette salle, le sermon d'inauguration de la Mission. Le fait que ce premier service fut présidé par un pasteur baptiste était déjà une indication de l'esprit large qui a toujours caractérisé l'œuvre populaire dirigée par M. Hughes.

Le dimanche suivant le rév. Mark Guy Pearse prêcha à 11 heures. M. Hughes donna une Conférence à 3 h. 1/2 et le soir, à 7 heures, il présida une grande réunion d'évangélisation populaire. Depuis ce jour, ces deux pasteurs ont continué chaque dimanche une œuvre que Dieu n'a cessé de bénir.

Outre *Saint James's hall*, la Mission occupa dès la première année deux autres salles : *Prince's hall* et *Wardour hall*. Celle-ci a un passé très intéressant. Elle fut construite par les Huguenots français réfugiés à Londres à l'époque de la Révocation de l'Edit de Nantes. Pendant plus de deux cents ans, elle a été un foyer de vie chrétienne et d'activité philanthropique. La Mission méthodiste s'en est servie pendant sept ans. Mais le loyer étant devenu excessif, elle dut l'abandonner et le 5 avril 1894, *Wardour hall* cessa d'être une salle d'évangélisation.

Assez près de là se trouvaient une chapelle et un grand local appartenant à l'Eglise Congrégationaliste. Le Comité de cette église céda le bâtiment tout entier aux méthodistes. Nous apprenons que le bail de la chapelle va bientôt finir et que la Mission ne gardera que la salle, appelée *Craven hall*.

Le local de *Prince's hall* ayant été vendu, il y a deux ou trois ans, la Mission a dû également l'abandonner. Par contre, elle a loué une autre salle dans une rue appelée *Cleveland street*.

L'histoire de ce local est très intéressante. Jackson Wray, un célèbre pasteur congrégationaliste qui attirait les foules dans son tabernacle de Whitefield, commença une œuvre d'évangélisation populaire dans le quartier de Cleveland. Il laissa même la chaire de son tabernacle, le dimanche soir, pour prêcher dans le *Cleveland hall* ; mais ses généreux efforts n'obtinrent pas le succès qu'il était en droit d'attendre. Aussi les Congrégationalistes se retirèrent-ils. Puis, vint l'Armée du Salut qui ne réussit pas mieux. Après les Salutistes, le local devint une salle de danse. Mais les Méthodistes ne tardèrent pas à le louer pour y tenir de nombreuses réunions. Les premières années furent peu fécondes en résultats. Cependant, depuis plusieurs mois, un souffle de réveil a passé sur les services tenus à *Cleveland Hall* et Dieu encourage maintenant M. Walters qui a la principale responsabilité dans l'évangélisation de ce quartier.

Aux trois salles dont nous venons de parler (*Saint-James's hall, Craven hall, Cleveland hall*), il faut ajouter celle de Challon street, appelée *Somers Town hall*. C'est dans ces quatre salles populaires que la Mission méthodiste prêche fidèlement l'Evangile aux foules qui viennent l'entendre.

Depuis sa fondation, cette Mission n'a cessé de se développer. D'année en année elle a entrepris des œuvres nouvelles qui sont actuellement en pleine prospérité. Avec ses nombreuses ramifications, elle ressemble à une puissante machine dont tous les rouages sont en mouvement. Voyons maintenant comment cet organisme fonctionne.

IV. Les Méthodes de la Mission

L'œuvre dirigée par M. Hughes poursuit deux buts bien marqués : le salut des âmes et le bien-être de ceux qui souffrent. Elle prêche l'Evangile aux masses indifférentes et elle travaille à l'amélioration sociale des pauvres ainsi qu'au relèvement moral de toutes les victimes du vice.

Pour atteindre ce double but, M. Hughes et ses collaborateurs emploient deux méthodes principales : la méthode religieuse pour s'adresser à l'âme, et la méthode sociale pour guérir les maladies du corps. De là, deux branches bien distinctes de l'œuvre : l'Evangélisation populaire proprement dite et les Œuvres philanthropiques.

A. LA MÉTHODE RELIGIEUSE ET L'ÉVANGÉLISATION POPULAIRE

Nous avons dit que la Mission méthodiste possède

quatre salles dans l'Ouest de Londres. Nous ne décrirons pas l'œuvre faite dans chacun de ces lieux de culte, car cela nous entraînerait trop loin. Qu'il nous suffise de dire que toutes ces salles se remplissent d'auditeurs nombreux et recueillis et que chacune d'elles est un foyer de vie spirituelle.

Nous nous bornerons ici à parler des services tenus le dimanche à *Saint-James's hall*, le berceau et le centre de la Mission.

Saint-James's hall est une magnifique salle de concerts donnant accès sur les deux rues les plus aristocratiques du quartier: *Piccadilly* et *Regent street*. Tout y a l'air gai et confortable : le plafond et les parois latérales sont artistement décorés de belles fresques ou de portraits en relief représentant les plus grands musiciens ainsi que les chanteurs ou les cantatrices célèbres ; les allées sont recouvertes de longs tapis ; les chaises et les bancs sont rembourrés et garnis de velours rouges ou bleus. Cette salle, avec ses deux galeries circulaires et son estrade en gradins, peut contenir deux mille cinq cents personnes.

Ce beau et vaste local, servant la semaine à un but plus ou moins mondain, est loué chaque dimanche par la Mission méthodiste, qui y tient ses trois plus importants services : un culte d'édification, une conférence et une réunion d'évangélisation.

§ 1er *Un Dimanche à Saint-James's hall*

1º LE SERVICE DU MATIN

A 11 heures du matin, le rév. Mark Guy Pearse préside un culte d'édification. Tout dans ce service revêt un caractère de simplicité et de solennité touchante. Le chant, dirigé par quelques « sœurs » dont l'une accompagne les cantiques sur l'harmonium, est d'une douceur exquise. La prière et le sermon sont comme un baume bienfaisant à l'âme souvent blessée dans les luttes de la semaine. C'est que M. Pearse connaît le cœur humain. Il cherche à répondre aux divers besoins spirituels de ses nombreux auditeurs et il y réussit.

Plusieurs fois nous avons admiré le don de ce pasteur d'encourager ou de consoler les âmes. Un jour, il commente le Ch. cinq de l'Evangile selon Saint-Jean. Après avoir lu le 1er verset: «Comme Jésus passait, il vit un homme aveugle dès sa naissance», il s'arrête et fait la réflexion suivante : « d'autres personnes, dit-il, auraient jeté les yeux sur une belle maison ou sur la brillante toilette d'un passant... mais Jésus voit plutôt un malheureux, un aveugle... Ce matin son regard s'arrête sur chacun de nous. Il voit nos peines. Il connaît nos luttes, prenons courage, mes frères et comme lui sachons à notre tour découvrir les souffrances et les soucis de nos semblables... Dis-moi ce que tu vois et je te dirai qui tu es. » Puis le prédicateur continue sa lecture souvent entrecoupée de courtes réflexions.

L'Assemblée chante ensuite un cantique ; puis M. Pearse indique son texte et prêche sur ces paroles : « L'Eternel donne la grâce et la gloire et il n'épargne aucun bien à ceux qui marchent dans l'intégrité. » (Ps. LXXXIV. 12). Son sermon est très simple, rempli d'anecdotes touchantes, d'images pleines de fraîcheur et de poésie, d'idées originales et de pensées qui, parties du cœur, vont au cœur. Avec quelle clarté le prédicateur parle de la grâce de Dieu qui, semblable aux rayons bienfaisants du soleil, pénètre dans le cœur angoissé du pécheur repentant, l'éclaire, le réchauffe et lui *donne* avec abondance le pardon, la joie, la paix, la force et la vie ! Et tout cela est dit sur

un ton varié et avec une onction qui remue tous les
les cœurs.

Quand ce culte édifiant est fini, chacun se retire
avec le sentiment qu'il est plus près de Dieu, plus fort
pour affronter les combats du lendemain.

Dans ses sermons, M. Pearse parle beaucoup de
l'amour de Dieu et des joies que procure la religion ;
mais il montre aussi que le chrétien doit s'élever à la
hauteur de ses privilèges en se consacrant toujours
plus à son Sauveur.

La prédication de M. Pearse porte aussi beaucoup
de fruits.Un jour, un homme vint à lui et,lui saisissant
la main : « Avant de venir au culte, dit-il, j'ai écrit à
un huissier pour le prier de poursuivre un homme qui
me doit une forte somme d'argent, mais après avoir
entendu parler de l'amour du prochain, je suis résolu
à déchirer ma lettre..»

Ajoutons que ce service du dimanche matin à *Saint-
James's hall* attire beaucoup de monde. Au commencement de la Mission, il n'y avait pas moins de mille
personnes à ce culte.Maintenant, il y a au moins deux
mille auditeurs qui, délaissant le bruit de la rue et les
soucis du monde, sont heureux d'entendre une excellente prédication et de passer une heure de recueille-
ment et de prière dans ce local que Dieu remplit de sa
présence.

2° LA CONFÉRENCE DE M. HUGHES

Le service de l'après-midi, à 3 heures 1/2, différe
beaucoup de celui du matin. C'est une réunion religieuse avec chants, prières et lecture de la Bible,
mais l'allocution ne ressemble en rien au sermon
traditionnel.

M. Hughes, pendant une demi-heure, parle du Christianisme dans ses applications sociales et montre qu'il doit régénérer à la fois l'individu et la société tout entière. Voici quelques-uns des sujets traités en 1887 et en 1888 : *Jésus-Christ et les Masses* (Math. IX. 36) ; *Jésus-Christ et la détresse sociale* (Math. XIX. 16) ; *Christ, le plus grand des Réformateurs socialistes* (Luc XII. 15) ; *L'idée du Général Gordon sur le Christianisme* (I Jean IV, 15) ; *Le Christianisme n'est pas seulement une doctrine ou un système moral, mais une vie nouvelle* (Jean III, 17) ; *Le caractère national déterminé par les lois de la nation* (Deut. IV. 5-8) ; *Notre devoir relativement au projet de loi du Gouvernement sur la licence des mœurs* (Prov. XXIX. 7) ; *Boudha ou Christ : Lequel ?* (2 Cor. V. 14-15) ; *Le Jeu* (I Cor. X. 23) ; etc., etc. (1).

Dans ses conférences, M. Hughes prend la défense des pauvres et des ouvriers. Il réclame pour eux des conditions d'existence plus favorables, des habitations plus commodes et des loyers moins chers.

Il plaide aussi la cause du dimanche et combat tous les vices sociaux : l'ivrognerie, le jeu, les maisons de corruption et l'amour du plaisir. A l'époque des élections du Conseil municipal de Londres, (*The London County Council*) il ne craint pas d'inviter ses nombreux auditeurs à faire une forte propagande pour les candidats progressistes qui prennent parti pour les faibles et réclament le progrès moral de la grande cité par l'abolition des vices qui sont la honte et la malédiction de la société contemporaine. M. Hughes a aussi le courage de dire bien haut que les hommes immoraux et tous les partisans des cafés-concerts et des maisons

---

(1) Tous ces discours ont été publiés dans un livre très intéressant : « Social Christianity (Londres 1889).

de dissolution devraient être exclus du Parlement et de tous les emplois publics.

Comme on le pense bien, ces discours, animés d'une sainte colère contre le mal, sont souvent interrompus par les applaudissements de l'assemblée.

L'auditoire, qui varie de douze cents à deux mille personnes, est composé en grande partie d'hommes et principalement d'ouvriers. On y remarque aussi des journalistes, des membres du Parlement et d'autres personnes influentes qui s'occupent des questions sociales.

Les cantiques sont accompagnés par un Orchestre militaire (*The military Band*) et sont chantés avec beaucoup d'entrain. — Ce service, qui ne dure qu'une heure, parait toujours trop court. Il est fait pour stimuler les chrétiens au travail et les aider à combattre le mal autour d'eux. Ajoutons qu'il n'a lieu qu'en hiver : du 1ᵉʳ dimanche d'octobre au dernier dimanche de mars. Au printemps et en été il est remplacé par une réunion en plein air dans l'un des plus grands parcs de Londres.

Beaucoup de personnes objectent à cette manière de s'occuper des questions sociales, sous prétexte que le pasteur doit se borner à prêcher Jésus-Christ aux âmes qui périssent.

Un jour, un chrétien très sincère, après avoir assisté à l'une de ces conférences, écrivit à M. Hughes pour lui dire qu'il avait quitté la salle très affligé. Il avait été « réjoui de voir un bel auditoire, mais le prédicateur, au lieu de profiter de cette occasion pour annoncer l'Evangile, avait seulement parlé du devoir des citoyens de fermer les maisons insalubres et corruptrices. Or, le résultat était que beaucoup d'âmes qui auraient pu être sauvées, souffraient peut-être déjà des tourments des damnés. »

Le dimanche suivant, M. Hughes lut plusieurs extraits de cette lettre ; puis il ajouta : « Sans aucun doute, mon correspondant, qui est probablement un meilleur chrétien que moi, représente des milliers d'excellents enfants de Dieu en Angleterre. Et cependant, je déclare franchement que je viens ici, le dimanche après-midi, pour affirmer devant vous, en face de la Bible ouverte et en présence de Jésus Christ, que le point de vue de mon correspondant est l'un des plus dangereux que les chrétiens puissent adopter ; c'est la raison principale pour laquelle la Révolution française aboutit à la Terreur rouge. C'est aujourd'hui la grande cause des progrès alarmants du Socialisme athée, du Communisme et du Nihilisme qui menacent l'Europe toute entière. »

Puis, l'orateur montra que les pasteurs ont trop négligé le côté social et pratique de l'enseignement du « Prophète de Galilée » : « Depuis longtemps, continuat-il, je suis convaincu que si la masse du peuple n'a pas encore compris que Jésus-Christ est son meilleur ami, c'est parce que nous, les ministres de la Religion, nous avons adopté la manière de voir de mon excellent correspondant. Nous nous sommes trop arrêtés sur le côté personnel de la foi chrétienne. Nous avons constamment agi comme si le Christianisme n'avait rien à faire avec le commerce, le plaisir et la politique, comme si c'était simplement une question se rapportant à la vie privée et aux réunions de prière. C'est parce que l'Esprit de Christ n'a pas été introduit dans la vie publique, que l'Europe est aujourd'hui dans une périlleuse condition. » (1).

On le voit M. Hughes est homme convaincu, ferme et courageux.

---

(1) « Social Christianity » p. 20-21.

A ses conférences du dimanche après-midi, il n'oublie pas de traiter des sujets d'actualité. Le 10 octobre 1897, à l'occasion d'une collecte en faveur des œuvres philanthropiques de la Mission, il prit pour sujet de son discours : *La santé publique*. Peu de temps après la mort de *Miss Frances Willard*, il parla longuement de la vie et des opinions de cette intrépide apôtre de la tempérance en Amérique. Tout dernièrement, il a montré l'*Importance et la Signification du Congrès des Eglises libres tenu à Bristol* (1). Ainsi, le grand prédicateur méthodiste profite de tous les évènements importants pour en tirer des leçons pratiques. Mais, nous le répétons, il se place toujours au point de vue chrétien et montre ce que la société serait si elle était imprégnée de l'Esprit de Jésus-Christ.

Quelquefois, M. Hughes traite des questions d'un ordre plus élevé. En janvier 1897, il a donné une série de Conférences sur ce sujet qui, de tous temps, a préoccupé les esprits : *L'Existence de Satan ou l'Explication du Mal*.

Au commencement de cette année, il n'a pas hésité à suspendre ses Conférences du dimanche après midi, pour céder sa place à M. John Mc Neill, un grand évangéliste écossais qui est venu présider une série de réunions de réveil dans les principales églises de Londres. La Mission a mis tous ses aides à la disposition de ce serviteur de Dieu, afin que les services de M. Mc. Neill fussent un moyen efficace pour produire un puissant réveil dans le *West-End*.

Si toutes ces considérations ne suffisaient pas pour détruire le préjugé de certaines personnes qui croient que M. Hughes s'occupe trop de politique et ne prêche

---

(1) Congrès tenu à Bristol, en mars 1898. M. Hughes a été pendant un an, président de l'Association des Eglises Nonconformistes.

pas assez l'Evangile, nous dirons à ces gens-là : « Assistez donc au moins une fois au service du dimanche soir à Saint James's hall. »

3° SERVICE DU DIMANCHE SOIR

Nous arrivons à Saint-James's hall, un peu avant 7 heures. La foule entre par toutes les portes. Les stewards (1) de la mission font placer le monde et donnent des recueils de cantiques aux étrangers. Pendant ce temps un orchestre de soixante à soixante-dix musiciens donne un concert de musique religieuse.

Comme nous désirons faire la connaissance du surintendant de la mission, nous demandons à l'un des stewards de nous présenter à M. Hughes. Il nous conduit dans la sacristie, où nous trouvons le grand prédicateur méthodiste. Il a l'air fortement préoccupé. Qui ne le serait pas quand on va prêcher à des milliers d'auditeurs ? Cependant, il nous reçoit avec une grande amabilité et nous pose des questions sur l'œuvre de Dieu dans le circuit de Normandie.

A sept heures moins cinq minutes, M. Hughes, les stewards présents et quelques sœurs de la Mission se mettent à genoux et implorent la bénédiction de Dieu sur la réunion qui va commencer. Les prières sont courtes, ferventes et précises ; elles pourraient se résumer en cette demande : « O Dieu Tout-Puissant, sauve des âmes ce soir. »

M. Hughes et ses collaborateurs, que nous suivons, se dirigent ensuite vers la salle et prennent place sur l'estrade. C'est de cette hauteur que nous jouissons du plus beau spectacle que nous ayons jamais contemplé. Devant, derrière, à droite, à gauche, en bas, en haut,

______

(1) Les stewards, ou économes, sont des personnes converties qui occupent certaines fonctions dans l'Eglise méthodiste.

partout la salle est comble ! L'auditoire est composé de toutes les classes de la société. Sur la galerie de droite, nous distinguons plusieurs *policemen* à qui la mission réserve plusieurs bancs. Plus loin, c'est un groupe de garde-malades venus de différents hôpitaux de Londres. La galerie de gauche est occupée par un grand nombre de soldats dont le brillant costume rouge donne un air de gaieté à la réunion. Mais l'élément prédominant, c'est la jeunesse venue non pas pour rire, mais pour écouter.

Pendant que nous jetons un rapide coup d'œil sur cet imposant auditoire, M. Hughes commence son service. Chants, prières, lecture de la Parole de Dieu, allocution, tel est le programme de la réunion.

Le chant est des plus entraînants. Le son harmonieux de nombreux instruments à cordes s'unissant aux deux mille cinq cents voix de l'auditoire produit un effet inoubliable. On se sent comme transporté dans un autre monde.

L'allocution est plutôt une causerie qu'un sermon. M. Hughes prêche avec une force extraordinaire et, de temps en temps, il a des élans oratoires qui transportent les auditeurs. Mais on sent qu'il ne parle pas pour le plaisir de parler. Son éloquence est celle d'un esprit fortement convaincu et d'un cœur qui désire ardemment le salut des âmes. Aussi ses appels à la conversion sont pressants et réitérés.

Le soir où nous sommes près de lui, il prend pour texte cet ordre du Sauveur : « Suis-moi. » (Luc ix. 59) et montre que suivre Christ, c'est croire à sa Parole, lui obéir et l'imiter. L'orateur insiste particulièrement sur l'insuffisance de la croyance, si elle n'est pas accompagnée de la soumission joyeuse à la volonté du Maître et, rappelant la parole de Wesley, il dit à ses auditeurs : « Vous pouvez être aussi orthodoxes

que le Diable et n'être pas meilleurs que lui ! » Dans
la seconde partie de son discours, M. Hughes montre
le danger de renvoyer au lendemain pour se décider à
se donner à Christ et il termine en exhortant les
inconvertis à ne plus hésiter à se consacrer au service
du Seigneur. « Vous êtes désormais sans excuse, dit-
il, Jésus vous dit : « Suis-moi. » Levez-vous donc et
commencez à le suivre dès ce soir, à cet instant
même ! »

Un tel appel ne doit pas rester infructueux. Beaucoup
de personnes ont la conscience réveillée. Pour les aider
à se décider complètement à se donner à Dieu, M.
Hughes, après avoir congédié ceux qui doivent partir,
invite les autres à rester à

l'After-meeting, ou réunion de décision.

Alors commence la partie la plus solennelle du
service. Dans une courte allocution, le prédicateur
invite les pécheurs à se consacrer à Dieu et à montrer
leur décision en se levant. Puis il indique un cantique
dont les paroles sont des appels pressants et solennels.
Entre chaque verset, M. Hughes exhorte les inconvertis à répondre à l'invitation du Sauveur, soit avant,
soit pendant le chant du verset. « Ces appels, dit un
pasteur (1) qui assistait à l'un de ces services, sont
empreints d'une solennité saisissante. Ainsi, une fois,
le premier verset du premier cantique indiqué fut
chanté sans que personne se fût levé. « Hélas ! dit M.
Hughes aussitôt après le chant de ce verset, quelle
magnifique occasion vous avez perdue de répondre à
Dieu ! Jamais vous ne pourrez lui dire : Je me suis
rendu au premier appel que tu m'as adressé ce soir-là.
Que c'est triste ! Toujours vous aurez le regret de la

(1) M. Lortsch, pasteur de l'Eglise libre, à Nîmes.

lâcheté que vous venez de commettre. Mais cette lâcheté, vous pouvez la réparer ; ce que vous n'avez pas fait, vous pouvez le faire maintenant. Vous pouvez vous lever pendant le chant du second verset. Le ferez-vous ? Il y avait là, de quoi remuer les consciences. Aussi plusieurs personnes se levèrent-elles pendant le chant du verset suivant. » (1).

Quand les décisions se font attendre, M. Hughes s'adresse à chaque partie de son auditoire. Le jour où nous assistons à son culte, il se tourne vers les différents coins de la salle et dit aux personnes qui sont assises dans la galerie à droite : « Y a-t-il de ce côté des âmes qui veulent se donner à Christ ? Levez-vous, mon frère ; levez-vous, ma sœur ; n'ayez point peur de confesser le Sauveur qui veut vous pardonner et vous rendre heureux. » Puis, se tournant vers la gauche : « Et, ici, où sont les âmes qui vont avoir le courage de se donner à Dieu ?... Voici un jeune frère qui répond à l'appel du Seigneur, voilà une sœur qui se lève. Gloire à Dieu ! Où sont les autres pécheurs décidés à suivre Jésus ?... »

Tous ces appels sont simples, inspirés par le Saint-Esprit. On dirait que Jésus-Christ passe dans les rangs de l'Assemblée et dit à chaque auditeur : « — Voici, je me tiens à la porte et je frappe... — Mon fils donne-moi ton cœur. — Toi, suis-moi. » Quel moment sérieux pour les âmes !

Pour encourager les inconvertis à se donner à Dieu, M. Hughes fait aussi appel à la bonne volonté de plusieurs frères qui, de temps en temps, sont invités à prier pour les indécis. Pendant ce temps, quelques « sœurs » de la Mission circulent dans les rangs de

____

(1) *L'Evangéliste* du 23 septembre 1892.

l'assemblée et encouragent les âmes à répondre à l'appel du Seigneur.

Quand il n'y a plus de décisions, M. Hughes invite ceux qui se sont levés à se rendre dans « *l'inquiry-room* » — une petite salle à côté où des amis chrétiens sont heureux de prier avec eux et de prendre leurs noms et leurs adresse pour les visiter. (1)

La réunion se termine vers 8 heures 1/2 ou 9 heures.

On dira peut-être : M. Hughes ne presse-t-il pas trop les gens ? Ne risque-t-il pas d'agir purement sur leurs nerfs ? A cela, nous répondons sans hésiter : Non. Il n'y a absolument rien de factice dans cette seconde réunion. La voix de M. Hughes n'est pas de nature à produire des émotions purement nerveuses et passagères. Le prédicateur fait toujours appel au cœur et à la raison. Dans une insistance admirable, il s'adresse à tous les auditeurs et leur fait comprendre l'importance du moment qui peut être, pour beaucoup d'entre eux, le commencement d'une vie nouvelle.

Nous ne craignons pas de l'affirmer : les moyens employés à cette « réunion de décision » sont essentiellement spirituels et bibliques. Aussi sont-ils couronnés de succès. M. Hughes est un de ces hommes trop rares qui non seulement prêchent l'Evangile avec fidélité, mais qui s'attendent à des résultats immédiats. Sa foi est récompensée. Chaque dimanche soir, de pauvres pécheurs, vaincus par la grâce de Dieu, se convertissent à Jésus-Christ, et pendant l'éternité, ils béniront le jour où ils comprirent à Saint-James's hall, la nécessité de naître de nouveau. Sans doute, « quand l'Eternel enregistrera les peuples, il dénombrera aussi ceux-là et il dira : Celui-ci est né là. » (Ps. LXXXVII, 6). »

_____

(1) Il y a un « inquiry-room » pour les hommes et un autre pour les femmes.

Les trois réunions dont nous venons de parler se complètent mutuellement. Chacune d'elles a son but particulier. Celle du soir vise spécialement la conversion et la consécration entière à Jésus-Christ; celle du matin nourrit et affermit les nouveaux convertis; la conférence de l'après-midi montre que si tous les chrétiens font leur devoir, le Christianisme doit transformer non seulement le cœur et la vie de l'individu, mais aussi toutes les classes de la société. Le premier de ces services réveille les pécheurs, le second développe leur foi, le troisième les pousse à l'action et au combat contre le mal.

§ 2. *Les Réunions en plein air*

Les ouvriers de la Mission ne se contentent pas de prêcher dans les lieux de culte. Ils vont vers ceux qui ne viennent pas à eux et leur annoncent l'Evangile dans le grand temple de la Nature. Obéissant à l'ordre du Sauveur, ils prêchent dans « la rue, sur les places publiques », dans les parcs et dans tous les endroits où la circulation ne risque pas d'être gênée par un rassemblement.

Rien de plus facile que d'improviser une réunion en plein air. Le prédicateur se place au coin d'une rue ou au milieu de la foule qui se promène dans les parcs. Il entonne un cantique. Immédiatement tous les curieux s'arrêtent. L'orateur lit quelques versets, fait une courte allocution, chante de nouveau, se remet à parler et continue ainsi pendant une heure ou deux.

Les auditeurs font parfois des réflexions tout haut. Beaucoup écoutent le discours jusqu'au bout, les autres, après en avoir entendu quelques phrases, se retirent sans bruit et font place à de nouveaux venus.

Les temps sont loin où, comme à l'époque de Wesley et même au commencement de ce siècle, les pauvres prédicateurs étaient conspués, maltraités et constamment interrompus par les vociférations de la populace, le roulement des tambours et les projectiles de toutes sortes qui pleuvaient sur eux.

Les réunions les plus importantes tenues en plein air par la « West London Mission » ont lieu dans *Hyde Park*, un immense parc où, le dimanche et les jours de fête, des milliers de Londoniens sont bien aise de venir respirer l'air pur et voir un peu de verdure. Assistons à l'une de ces réunions d'évangélisation.

C'est le dimanche 11 avril 1897. Nous arrivons dans ce parc vers trois heures de l'après-midi. En traversant les allées et les pelouses, nous n'apercevons pas moins de cinquante rassemblements. Ici, c'est un évangéliste qui, la Bible à la main, annonce la Bonne Nouvelle du salut ; là, c'est un incrédule ou un libre-penseur en train de déblatérer contre la religion. Ailleurs, ce sont des hommes politiques qui, montés sur une charrette, parlent en faveur de l'émancipation de la Crête. Plus de dix milles personnes entourent cette tribune improvisée et acclament la parole des orateurs par des applaudissements frénétiques. Nous continuons notre chemin et nous rencontrons bientôt un autre rassemblement moins important mais plus recueilli. Nous nous en approchons et nous lisons sur une bannière l'inscription « *West London Mission* ». Un jeune homme nous donne une feuille sur laquelle sont imprimés une dizaine de cantiques. Un laïque est en train de raconter sa conversion. Pendant le chant d'un cantique, nous nous faisons connaître à l'un des « stewards » qui nous présente à M. Piper, un excellent prédicateur, qui a la charge de ces réunions. Celui-ci nous demande avec instance de rendre notre témoignage. Impossible de refuser. Nous montons sur un

escabeau et nous sommes heureux de parler de l'amour
de Dieu qui peut et veut sauver tous les pécheurs. La
lecture de quelques versets de la Bible, trois ou quatre
allocutions de cinq ou dix minutes, des chants, la
prière et la bénédiction, tel est le programme de ces
réunions. Puis, les agents de la Mission, bannières et
musique en tête, se dirigent vers Londres en chantant
des cantiques.

Ces réunions dans « Hyde Park » ont lieu du premier
dimanche d'avril au dernier dimanche de septembre
et remplacent les conférences dont nous avons parlé.

La « Mission » tient également des réunions de ce
genre dans les rues, tout près des salles populaires,
un peu avant l'heure du service. Par ce moyen, une
partie de l'auditoire improvisé se transporte dans la
salle.

Le succès de la prédication en plein air est incontestable. Par ces réunions, la Mission annonce l'Evangile
à des milliers de personnes qui ne vont jamais à aucun
culte. Il n'est pas rare de voir des gens qui, entrevoyant, dans ces services en plein air, les vastes
horizons de la vie chrétienne et le bonheur de la piété,
se décident à servir Dieu. En somme, il n'y a rien là
de bien étonnant. L'Evangile de Christ, qu'il soit prêché à la belle étoile ou dans une enceinte religieuse,
n'est-il pas, toujours et *partout* « la puissance de Dieu
pour le salut de tous ceux qui croient ? » (Rom. i, 16).

§ 3. *Autres moyens d'évangélisation*

A côté des grandes réunions tenues dans ses quatre
salles et en plein air, la mission emploie d'autres
moyens pour attirer du monde aux services et gagner
des âmes à Jésus-Christ. Citons en particulier les *réunions avec projections lumineuses*, la *distribution de*

traités, les *visites à domicile* et les *services pour la Jeunesse.*

La Mission possède plusieurs associations dont tous les membres font des visites régulières : l'une d'elles (*The Room-to-room Guild*), va de maison en maison ; une autre (*The public house Guild*), est composée de personnes dévouées qui, tous les samedis, vont dans les cabarets parler aux buveurs, aux amateurs de jeu et des plaisirs mondains.

Grâce à ces aides volontaires, aux pasteurs et aux « sœurs du peuple », l'Evangile est annoncé dans bien des familles. L'année dernière, dans les environs de « *Craven hall* », les ouvriers de la Mission ont fait 17.000 visites, sans parler des visites aux divers hôpitaux du « *West End* ».

La Mission ne néglige pas non plus la *jeunesse.* Ses agents, dans leurs prédications et leurs visites, ne l'oublient jamais. M. Hughes, en particulier, ne cesse d'exhorter les jeunes gens à se convertir et à se consacrer à Christ.

Les « *sœurs du peuple* » et des prédicateurs laïques très capables ont des *écoles du dimanche* très florissantes et des réunions spéciales pour des jeunes gens. Le samedi, l'une des sœurs réunit les petits enfants et leur raconte des histoires ; une autre préside une union de jeunes filles. Personne n'est mieux qualifié que ces sœurs dévouées pour entourer les enfants, leur apprendre des cantiques et leur donner une instruction religieuse qu'ils ne peuvent recevoir chez eux. Aussi, réussissent-elles à merveille dans leur œuvre. Elles gagnent bien vite l'affection de ces garçons et de ces filles qui leur disent parfois : « Savez-vous que vous êtes la seule sœur que nous ayons ». — « Vous êtes *ma* sœur, oui, la mienne », disait, un jour, une fillette à sa monitrice !

Sauver la jeunesse ! telle est la devise de la Mission. Aussi ses ouvriers ne reculent-ils devant aucun sacrifice pour évangéliser les enfants et leur faire comprendre que Jésus est leur Meilleur Ami.

§ 4. *Moyens de grâce pour le développement de la vie chrétienne.*

La Mission ne se contente pas de prêcher aux inconvertis ; elle travaille au développement spirituel des personnes qui, aux « *after-meetings* », se décident à servir Dieu. Pour cela, elle a le service d'édification du dimanche matin, de nombreuses *réunions de prière* et des *réunions de classe* dans chaque salle. Disons quelques mots sur ce dernier moyen de grâce.

La Mission, fidèle aux institutions du Méthodisme, réunit, chaque semaine, les nouveaux convertis en groupes ou « classes ». Là, ils racontent leurs expériences, prient, reçoivent des conseils et se fortifient dans la communion fraternelle.

Il y a des classes pour hommes dirigées par les pasteurs ou les prédicateurs laïques. Celle de M. Hughes pour les jeunes gens est très nombreuse et très intéressante.

De leur côté, les « sœurs » de la Mission ont un grand nombre de classes pour les femmes. L'une d'elles, pourtant, a une classe pour les *policemen*, une autre pour les cochers de fiacre. La sœur Lily (1) a une classe d'environ deux cents membres. Le jeudi soir, à 8 heures 1/2, Mme Hughes a une réunion pour les jeunes femmes employées dans les maisons de

---

(1) La sœur Lily est l'une des sœurs les plus capables de la Mission. L'hiver dernier, elle est allée en Amérique plaider la cause de la « West-London Mission ». Elle a eu partout un très grand succès. On lui a fait de très belles ovations dans plusieurs villes.

commerce. Elle a un don spécial pour inspirer aux membres de sa classe un idéal très élevé. Elle ne se lasse pas de leur montrer que la vie chrétienne est possible partout, même dans les milieux les plus hostiles à la piété. Mme Hughes est particulièrement sympathique à celles qui ont eu une existense orageuse. Elle sait toujours trouver une parole aimable pour stimuler les personnes qui sont aux prises avec les plus grandes difficultés.

La Mission a trente et une réunions de ce genre. — Ce moyen de grâce, indispensable au développement spirituel des nouveaux convertis, est comme « un port de refuge au milieu de Londres misérable et païen. »

Une fois par trimestre, à Saint-James's hall, la « réunion de décision » est remplacée par la réception des membres. Ce service revêt un caractère de solennité qui fait sentir à ces nouveaux venus leurs devoirs et leurs privilèges. C'est une soirée qu'ils n'oublieront jamais.

En résumé, la Mission ne néglige aucun moyen pour gagner les âmes à Jésus-Christ.

Ses nombreux agents prêchent l'Evangile de la manière la plus simple. Du haut de la chaire, dans la rue, dans les parcs et dans les visites à domicile, ils adressent de pressants appels à la conscience. Comme les anciens prophètes d'Israël, ils ne craignent pas de faire entendre ce cri d'alarme aux masses indifférentes : « l'âme qui pèche sera celle qui mourra ! » Mais tout en proclamant la justice de Dieu, M. Hughes et ses collaborateurs n'oublient jamais qu'ils sont, avant tout, des messagers de la grâce divine. Aussi, à l'exemple du Sauveur et des apôtres, disent-ils aux pécheurs : « Dieu vous aime. Revenez à Lui. Croyez au Seigneur Jésus-Christ et soyez sauvés ! »

V. Les Méthodes de la Mission (Suite)

B. LA MÉTHODE SOCIALE ET LES ŒUVRES PHILAN-
THROPIQUES

La Mission méthodiste tout en prêchant à ceux qui
jouissent d'une bonne santé, pense aussi à ceux qui
se portent mal. Elle s'occupe des buveurs, des victimes
de l'immoralité, des pauvres, des malades, des estropiés, des enfants, des vieillards et des mourants.
Nous pouvons classer ses œuvres sociales en trois
groupes principaux ; les œuvres de relèvement, les
œuvres de bienfaisance, et les associations diverses,
ayant pour but de procurer des œuvres de joie et de
repos, aux habitués des salles populaires.

§ 1er *Les œuvres de relèvement*

1° LES SOCIÉTÉS DE TEMPÉRANCE

Tous les membres de la Mission sont abstinents. Ils
ont fondé des *sections de tempérance* dans toutes les
salles populaires. A chaque réunion, quelqu'un
reçoit les signatures de ceux qui veulent renoncer à
l'alcool.

Dans chaque salle, il y a aussi une *Société de l'Espoir*
pour les enfants au-dessous de dix ans. Si les membres sont trop nombreux, on divise la section en
compagnies ayant chacune un capitaine. Celui-ci a un
carnet, sur lequel il inscrit les présences et la conduite
des jeunes tempérants.

Une « sœur du peuple » a une section de *l'Espoir*,
de quarante enfants de deux à huit ans, qu'elle réunit
le samedi matin. Elle leur prête des jouets, leur

raconte des histoires, leur apprend des cantiques, et leur rappelle que pour être bien sages, ils ne doivent pas boire d'alcool.

Tout dernièrement la Mission a fondé la *Légion tempérante* pour les enfants de dix à quatorze ans.

La Société est dirigée par un comité, choisi parmi ses membres, et placé sous la présidence d'une « sœur ». De temps en temps, ces enfants ont une fête appelée *American Tea Party*. Chaque invité doit apporter quelques sous gagnés par lui, pour la cause de la Tempérance. Les cotisations sont mises sous enveloppe, avec les noms des propriétaires, et recueillies par la sœur qui appelle ensuite les membres et leur demande comment ils ont gagné l'argent qu'ils ont apporté : En nettoyant une bicyclette, dit l'un, j'ai reçu soixante centimes. Et moi, deux sous, en raccommodant des bas », dit une fillette..... Puis le thé est servi. Les abstinents chantent beaucoup, écoutent des allocutions intéressantes, et passent ainsi une heure très agréable.

Le 31 décembre de chaque année, la Mission offre un *souper* à un certain nombre d'ivrognes. Le repas fini, tout le monde passe dans une salle voisine, où se tient une réunion de tempérance. Beaucoup de buveurs, émus par l'amour chrétien qu'on leur témoigne, prennent un engagement d'abstinence, confessent leurs nombreuses chutes, et se retirent en entrevoyant la possibilité d'une vie meilleure.

De temps en temps, le dimanche après-midi, les différentes sections se réunissent à « Saint-James's Hall. » Chacune d'elles arrive, musique et bannière en tête. La salle est comble. M. Hughes fait une de ces allocutions vibrantes dont il a le secret, et les sections emportent de cette réunion un nouvel élan pour la grande cause de la Tempérance.

2° UNE ŒUVRE DE SAUVETAGE

Deux ou trois soirs par semaine, une « sœur » de la Mission, se tient sur la place de *Picadilly Circus* pour faire la connaissance de quelques filles perdues, et les ramener dans le bon chemin. La sœur Marguerite est celle qui s'occupe le plus de cette œuvre difficile. Aussi son dévouement est-il apprécié de tous, même des pauvres créatures qu'elle cherche à relever : « Il n'est aucune de nous, disait un jour l'une de ces dernières, qui ne connaisse la sœur Marguerite. »

En 1892, la Mission ouvrit un *Home* ou Refuge pour ces jeunes filles. C'est là, que beaucoup de ces pauvres femmes, — arrachées des mains de leurs vils séducteurs, abandonnées de tous, ignorant les douceurs de la vie de famille, — trouvent, auprès de « Sœur Marguerite », sympathie, amour et protection.

Le dimanche après-midi, cette même « sœur » a une étude biblique pour ses protégés ; puis elle leur offre une tasse de thé ; et le soir, elle les conduit à « Saint-James's hall ». A cette réunion familière, le cœur de ces jeunes filles, endurci par la souffrance et les déceptions, s'ouvre peu à peu, et ces victimes, plus encore à plaindre qu'à blâmer, racontent quelques lugubres incidents de leur vie passée. Que de tristes histoires, que de drames poignants dans leurs récits ! La sœur Marguerite les écoute avec patience et trouve toujours une parole de sympathie et d'encouragement pour ces pauvres femmes.

De temps en temps, à minuit, la Mission offre un souper aux malheureuses filles qui, à cette heure tardive, errent encore dans les rues de Londres. Cette invitation est généralement acceptée avec empressement. A l'un de ces repas, il y avait dernièrement cent-trois convives.

« A ce souper, dit la sœur Marguerite, nous avons des spécimens de tous les âges, depuis l'enfant de quatorze ans, jusqu'à la femme de quarante ans, endurcie, perdue, par l'alcoolisme et l'inconduite. Lorsqu'une nourriture substancielle et des paroles sympathiques ont calmé ces pauvres créatures, nous chantons avec elles, car elles connaissent nos cantiques et les chantent même avec entrain. Pour terminer, nous leur parlons de Jésus et de son amour pour les pécheurs ; leurs yeux se remplissent de larmes, et quelques-unes nous demandent alors, de les aider à entrer dans une vie nouvelle. »

En 1897, la directrice de cette œuvre a pu venir en aide à 68 jeunes filles. Sur ce nombre, 13 étaient sur le point de devenir mères ; 9 gravement malades ont été placées dans des hôpitaux ; 31 ont été envoyées dans divers « Homes » ; 8 sont retournées dans leurs familles, ou chez des protectrices ; 7, seulement, n'ont pas répondu à l'attente de la sœur Marguerite. En somme, ce n'est pas une trop forte proportion, dans une œuvre aussi difficile.

Cette œuvre coûte beaucoup à la Mission, qui dépense environ cinq cents francs pour chaque personne logée au « Refuge ». Il faut aux « sœurs » un courage intrépide, un ardent amour chrétien, pour ramener au port ces pauvres naufragées qui sombrent dans les flots de l'immoralité. Ces vaillantes chrétiennes ne se laissent décourager par aucune déception ; elles affrontent toutes les difficultés ; et, dans leur zèle que rien ne lasse, elles tendent une main amie à celles que le monde repousse, après les avoir flétries. Les « sœurs du peuple » se rappellent que les êtres les plus déchus peuvent être sauvés par les secours de

Dieu et, fortifiées par cette conviction, inspirées par l'amour de Christ, elles se consacrent à leur œuvre avec une foi persévérante.

§ 2 *Les Œuvres de Bienfaisance*

1° LA CRÈCHE

En 1888, la Mission prit possession d'une *Crèche* fondée par une dame de l'aristocratie. Cet établissement, dirigé par la sœur Hope, est d'une grande utilité. Les mères de famille qui doivent travailler pour gagner leur pain quotidien, y apportent leurs enfants, à huit heures du matin, et reviennent les chercher, à huit heures du soir. Ces enfants, reçus au-dessus d'un mois, sont lavés, nourris et soignés par des garde-malades expérimentées, pour la modique somme de vingt centimes. Un médecin vient aussi faire de fréquentes visites à l'établissement.

La Crèche reçoit chaque jour une centaine d'enfants. Beaucoup d'entre eux, parvenus à l'âge de cinq ans, vont à l'école ; mais ils continuent de prendre leurs repas auprès de la sœur Hope, qui les considère comme ses enfants adoptifs.

2° L'UNION DES INFORTUNÉS

Cette Union est composée d'infirmes de toutes sortes : aveugles, sourds, difformes, estropiés, etc. Les « sœurs » les réunissent, régulièrement, pour une soirée familière. De temps en temps, on leur accorde aussi une surprise agréable. Ainsi, en 1896, on les conduisit un jour à la campagne. On leur servit des gâteaux et de la limonade, à l'ombre d'un grand arbre. Puis, les uns s'amusèrent sur l'herbe ; les autres, les plus infirmes, jouirent de la compagnie de quelques chrétiens qui leur adressèrent des paroles de sympathie. C'est toujours un grand bonheur pour ces infortunés, de sortir de leurs sombres demeures, d'admirer la verdure, le ciel bleu et de respirer l'air bienfaisant de la campagne.

Cette Union compte 123 membres, dont 60 enfants. Elle a pour but de leur aider à supporter le fardeau de leurs infirmités ; d'apprendre un métier aux plus jeunes ; et, selon sa devise, de leur enseigner à être contents de leur sort (*lœtus sorte mea*).

Cette œuvre donne de précieux encouragements à ceux qui la dirigent. Plusieurs de ces pauvres estropiés ont appris à supporter vaillamment leurs épreuves, en répondant à cet appel du Sauveur : «·Venez à moi, vous tous qui êtes travaillés et chargés, et je vous soulagerai » (Math. xi. 28). « Quelques-uns de nos protégés, écrit M. Walters, nous donnent des leçons de patience, et de soumission ». « Ma cécité, disait une vieille femme, a été le moyen de ma conversion. Avant d'en être atteinte, j'étais plongée dans les ténèbres spirituelles. Dieu m'a envoyé cette épreuve pour m'attirer à lui ; je l'en bénirai tous les jours » (1).

3° LES « WORKHOUSE-TEAS »

A Londres, la plupart des indigents sont reçus dans des maisons appelées *workhouses*. (2) Leur vie, dans ces établissements, n'a rien de bien gai. Ils doivent toujours travailler et sont soumis à une discipline très sévère. Comme ils n'ont ni parents, ni amis, lorsqu'ils sortent les jours de fête, c'est pour mendier quelques sous, afin d'aller boire dans les cafés.

Une sœur de la Mission, émue de compassion pour

---

(1) Rapport de la Mission (1898). p. 54.
(2) Maisons de travail.

ces malheureux, les invite une fois par mois à une réunion familière dans l'une des salles populaires. Là, toutes les langues se délient. Pendant trois heures, les vieillards jouent, chantent des cantiques, et, tout en buvant leur tasse de thé, ils se racontent mutuellement les beaux jours de leur jeunesse. Ces pauvres indigents — considérés comme de simples chiffres dans les « Workhouses » — sont ici entourés d'affection chrétienne et passent une agréable après-midi qui leur fait paraître la vie moins monotone. Les « sœurs » les visitent aussi dans leurs Asiles, leur portent des fleurs, et leur parlent encore de l'amour de Dieu.

4° SOINS DONNÉS AUX MALADES

La Mission possède deux *Dispensaires* pour des consultations gratuites et six *Garde-Malades* attitrées qui, en 1897, ont pu soigner 598 malades. Ces « sœurs », dans leurs visites, ne soignent pas seulement leurs patients, mais surveillent aussi la mauvaise ventilation de leurs logements et créent comme une nouvelle atmosphère. Elles expriment de la sympathie à tous ceux qui souffrent et, en soulageant les souffrances du corps, elles savent parler de Celui qui veut, avant tout, la guérison de l'âme.

5° WESLEY HOUSE, ASILE POUR LES CONVALESCENTS, A BISLEY

Ce « Home » a été fondé en 1891, pour les convalescents. On y reçoit aussi des pasteurs, des instituteurs, des institutrices, de jeunes employés de commerce, aussi bien que les membres de la Mission, qui, après un long surmenage, ont besoin d'un peu de repos. Moyennant 14 francs 60 centimes par semaine, les convalescents ont une excellente nourriture et tous les agréments de la campagne ; car cette maison hospitalière est située sur une colline boisée, et dans un endroit très pittoresque du Gloustershire.

Les « sœurs » qui dirigent ce « home » font encore une œuvre d'évangélisation populaire dans le village et les hameaux voisins. Elles y ont fondé une école du dimanche, une société de Tempérance et une section de *l'Espoir*. Les résultats obtenus montrent que les méthodes employées à Londres sont également efficaces dans les petites villes.

6º UN « HOME » POUR LES MOURANTS

(Saint-Luke's house)

La Mission ne s'occupe pas seulement des enfants, des malades, et des convalescents : elle pense à ceux qui n'ont plus que quelques jours à vivre. Elle veille sur les malheureux, du berceau à la tombe. Elle a fondé un « Home de paix pour les mourants » (the home of peace for the poor dying), dans lequel elle reçoit les pauvres qui, après une vie honnête et laborieuse, ne trouvent pas chez eux le confort nécessaire et appréhendent d'aller finir leurs jours à l'hôpital.

Ce « Home » ne ressemble en rien à un hospice ordinaire. Il y a de grandes fenêtres avec de magnifiques rideaux ; des tapis sur l'escalier ; des fougères et d'autres plantes vertes dans les coins, et des fleurs sur les tables. Le jour de Noël, on invite les amis et les parents des mourants ; on chante des cantiques sur l'amour du Rédempteur ; un petit arbre de Noël s'allume soudain, et les « sœurs » distribuent quelques petits cadeaux aux malades. Tout, dans cet asile, est fait pour procurer aux mourants une fin heureuse et paisible en répandant sur le soir de la vie quelques rayons de joie et d'espérance, avec les premières clartés de la patrie céleste.

Tout en procurant à ces malades une mort plus douce, la Mission s'occupe surtout de leur âme et fait tout ce qu'elle peut pour les préparer à la rencontre d'un Dieu réconcilié. M. Pearse, l'aumônier du « Home », leur préside un culte chaque dimanche après-midi ; la semaine, une ou deux sœurs les visitent régulièrement, prient avec eux et tournent leurs regards vers le Sauveur. Grâce à ces visites, les chrétiens sont consolés à leurs derniers moments et un certain nombre des malades qui n'avaient entièrement vécu que pour le monde se convertissent à la « onzième heure ».

Tel fut le cas d'un homme qui disait un jour à la sœur Lily : « Je n'ai jamais pensé à la religion, et je ne tiens pas à ce que vous m'en parliez.

— Alors, vous n'avez jamais lu votre Bible ?

— Non !

— Jamais prié ?

— Non !

— Eh bien, reprit la visiteuse, ne craignez pas que je veuille vous contraindre à accepter ma religion. La chose la plus précieuse, c'est l'amour de Christ ; mais je n'arriverais jamais à vous le faire comprendre par force.

Pendant quelques jours, la sœur Lily demanda à Dieu de toucher le cœur de cet incrédule. Sa prière fut exaucée. Ce malade, un peu avant de mourir, déclara avoir trouvé Jésus comme son Sauveur et il put recevoir la Sainte-Cène.

Le « Home de paix » admet gratuitement (1) les pau-

---

(1) Une ou deux fois par an, l'orchestre de la Mission donne un Concert payant en faveur du « Home de paix ». En janvier 1897 l'un de ces concerts produisit 3175 francs et l'autre 2725 francs.

vres honnêtes de tout âge, sans distinction de sexe, de race ou de religion. Pendant le dernier exercice, il a hébergé 65 malades, qui ont passé en moyenne 31 jours dans l'Asile. Sur ce nombre, il y a eu 37 anglicans, 6 catholiques romains, 2 méthodistes, 2 baptistes, 2 congrégationalistes, 1 quaker et 1 juif. (1) Si le malade demande la visite de son pasteur, on accède immédiatement à ce désir.

7° ŒUVRES SECONDAIRES

Ces œuvres sont moins importantes que celles dont nous venons de parler. Cependant, elles ont toutes un but d'utilité publique. Contentons-nous de les mentionner rapidement :

Les caisses d'épargne, pour aider les pauvres à économiser, en vue des mauvais jours. En 1897, plus de 62,500 francs de la classe ouvrière ont passé par la main des agents de la Mission ;

Un bureau de placement pour les domestiques ;

L'avocat des pauvres qui, une fois par semaine, reçoit ceux qui ont des difficultés légales, et leur fournit gratuitement les renseignements nécessaires pour faire valoir leurs droits.

En hiver, *une distribution de soupe* aux indigents :

Un Dépôt de marchandises à bon marché : vêtements, chaussures, comestibles, etc.

§ 3 *Soirées familières, unions, clubs, etc.*

A côté de ses œuvres philanthropiques, la Mission a des réunions familières et de nombreuses associa-

---

(1) Détail intéressant ; en 1896-97, le « Home » reçut la femme d'un descendant de John Bunyan, l'auteur du *Voyage du Chrétien*.

tions, pour montrer à ses membres que la piété, source du contentement d'esprit, n'est pas incompatible avec certains plaisirs innocents, comme la musique, la littérature, et la franche gaîté dont la jeunesse a besoin.

Les agents de la Mission procurent encore des heures de délassement et de joie à tous : aux mères de famille, aux pauvres, et surtout à la jeunesse.

1° LES RÉUNIONS POUR MÈRES DE FAMILLE

Une après-midi par semaine, plusieurs mères se réunissent dans les salles de la Mission. Les « sœurs » leur vendent à bon marché des étoffes et de la laine. Après le chant d'un cantique, la prière, une courte allocution et un second chant, chacune se met au travail. Pendant que ces femmes cousent ou tricot'ent, quelqu'un leur lit une histoire.

« Dans ces réunions, dit M. Walters, il y a trois choses que nous ne perdons jamais de vue. La première, c'est d'égayer ces pauvres femmes, qui, chez elles, ont tant de difficultés et si peu de jours heureux..... Puis, nous leur recommandons l'abstinence totale. Quelques-unes prennent un engagement de tempérance, mais beaucoup s'y refusent, sous prétexte, qu'un petit verre par jour ne peut pas leur faire de mal..... Enfin, nous leur prêchons Christ, le Sauveur des pécheurs..... » (1).

La partie religieuse de la réunion se termine par le chant d'un cantique que préfèrent ces femmes :

God be with you, till we meet again (2)

---

(1) Rapport de la Mission (1898) p. 50-51.
(2) Le cantique a été traduit dans nos recueils :
Dieu soit avec toi jusqu'au revoir.
Hymnes et Cantiques, numéro 509.

Toute personne présente reçoit, pour cinq centimes, une tasse de thé et un gâteau.

La Mission du *West End* a six réunions de ce genre.

2° LES SALONS POPULAIRES

(*The People's Drawing-Rooms*)

Une fois par semaine, chaque Salle de la Mission, à l'exception de « Saint-James's Hall », est transformée en salon. On étend un grand tapis sur le plancher, puis on place un piano, des chaises, des tables et des fleurs. Les pauvres du voisinage peuvent entrer librement et passer une soirée agréable dans cette salle, qui devient ainsi *leur salon*. Les uns se reposent; les autres parlent entre eux ; plusieurs écoutent les morceaux qu'une «sœur» exécute sur le piano ; beaucoup s'amusent au jeu d'échecs.

Cette institution est très appréciée de tous ceux qui n'ont pas, pour se reposer, de maison confortable, après les fatigues et les soucis du jour.

3° LES CONCERTS

En hiver, le samedi soir, l'orchestre dirigé par M. Heath Mills donne, à « Saint-James's Hall », un concert instrumental. Pour soixante centimes, on peut entendre de très beaux morceaux, exécutés par de bons artistes. Chaque année, cet orchestre donne quatre concerts nationaux : Anglais, Irlandais, Ecossais et Gallois.

On y entend des chants populaires, des airs patriotiques et des morceaux composés par des musiciens de la contrée. Aussi sont-ils très suivis et fort appréciés.

Aux concerts ordinaires, il n'y a jamais moins de

douze cents auditeurs, ce qui prouve que la classe moyenne du *West-End* aime la bonne musique.

4° ASSOCIATIONS DIVERSES

Afin de soustraire la jeunesse aux plaisirs dangereux ou coupables, la Mission a organisé un grand nombre d'*Unions* pour les jeunes gens et pour les jeunes filles. Mentionnons entr'autres :

Les *Sociétés littéraires* (*debating societies*) dans lesquelles les membres ont des conférences sur différents sujets, des soirées familières, avec chants, récitations, et divers jeux ; un *Vélo Club*; un *Club d'excursions* (Rambling club); une *Ecole de natation*; des *Clubs* pour les garçons et pour les jeunes filles ; des *Heures de récréation* pour les enfants ; etc. ; etc. ; sans oublier les *Réunions anniversaires*.

§ 4 *Une grande Fête : L'Anniversaire de l'Œuvre.*

Une fois par an, la Mission célèbre l'anniversaire de sa fondation. Ce jour-là, tout le monde est en fête. Le Comité de la Mission invite un grand prédicateur à présider le premier service.

Cette année, les réunions d'anniversaire ont eu lieu le vendredi et le dimanche 8 et 10 mai.

Le jeudi soir, dans une grande et belle salle du *West End*, il y a eu une magnifique réception faite aux membres et aux amis de la Mission, par M. et Mme Hughes, et M. et Mme Pearse.

Le lendemain, à 11 heures, à « Saint-James's Hall », le rév. J.-C. Greenhough, de Leicester, a prêché un excellent sermon sur ces paroles : « Dieu l'a souverainement élevé et lui a donné un nom qui est au-dessus de tout autre nom ; afin qu'au nom de Jésus, tout ce qui est dans les cieux, sur la terre, et sous la terre fléchisse le genou » (Phil. II. 9-10).

L'après-midi, à 3 heures 1/2, la salle était comble pour la *réunion des Sœurs du Peuple*. Au lieu d'avoir plusieurs discours des sœurs, comme les autres années, la sœur Lily a donné une séance de projections lumineuses. Elle a fait passer devant ses auditeurs les portraits des principaux missionnaires (M. et Mme Hughes et M. et Mme Pearse), des groupes de sœurs et des scènes empruntées aux différentes branches de la Mission : la Crèche, l'Union des Infortunés, le « Home de paix » pour les mourants, les « clubs » de toutes sortes, etc. Chacune de ces vues était accompagnée de quelque explication et furent souvent fort applaudies.

Le soir, à 7 heures, grande réunion avec des cantiques accompagnés par soixante-dix musiciens, et des allocutions du Président de la Conférence, de MM. Pearse, Hughes, W. Perks, membre du Parlement, et d'autres encore.

La collecte s'est élevée à 75,000 francs !

Le dimanche 10, à 3 heures 1/2, toutes les branches de la Mission étaient représentées à « Saint-James's Hall ». Sur l'immense estrade, on voyait les musiciens; les clubs de jeunes filles portant des baguettes entourées de lierre et surmontées de muguet, emblème de la pureté ; les clubs de garçons avec des brassards rouges ; la légion tempérante ; et, au premier rang, assis dans de petites chaises, les enfants de la Crèche, avec leurs blouses rouges. En bas, en face des enfants, l'on distinguait successivement les vieillards des « Workhouses », « l'Union des Infortunés », portant une ceinture rouge ; les mères de famille ; les membres des réunions de classes, du « club d'excursion », et que sais-je encore ? Les galeries seules étaient réservées au public. Cette immense assemblée, composée de toutes les classes de la société, donnait une idée du travail fécond et varié accompli par la Mission.

Le service a été court et animé. Les enfants de la Crèche, avec leurs voix fraîches et tendres, ont chanté un cantique parlant des beautés du ciel et qui commence ainsi dans nos recueils :

> Une belle patrie
> Dans les hauts cieux,
> Rassemble après la vie
> Les bienheureux.

Puis, M. Hughes a fait une courte allocution sur ces paroles du Psalmiste : « Je raconterai les exploits de l'Eternel » (Ps. LXXVII. 12).

Ensuite, vient le *clou* de la réunion. M. Hughes appelle par leurs noms toutes les unions ou sociétés présentes. Chacune d'elles se lève à son tour. Quand toute l'Assemblée est debout, elle entonne un cantique d'actions de grâce. A ce moment pas une bouche n'est fermée. La joie et la reconnaissance remplissent tous les cœurs : vieillards et enfants, riches et pauvres, privilégiés et infortunés, tous unissent leurs voix dans un sublime concert de louange et d'adoration pour bénir le Dieu qui fait des « exploits ! »

Après avoir vu la marche de la Mission, on peut, d'abord être porté à se demander si M. Hughes et ses collaborateurs ne font pas une trop grande place aux œuvres philanthropiques, au détriment de la partie spirituelle de l'œuvre de Dieu. Pour nous, nous ne le pensons pas. Toutes les branches de leur activité sociale sont des moyens et non le but. Si les « sœurs » soignent les malades et veillent au chevet des mourants, c'est toujours avec le désir d'amener au Sauveur leurs pauvres patients. Grâce à ces institutions de charité chrétienne, « les malheureux apprennent à se réjouir en l'Eternel et les pauvres font du Saint d'Israël le sujet de leur allégresse » (Es. XXIX. 19).

Du reste, la partie religieuse est loin d'être négligée. Qu'on en juge par les chiffres suivants. L'année dernière, la Mission a tenu 3172 services, sans compter 3 écoles du dimanche, 3 sociétés de *l'Espoir*, 31 réunions de classe par semaine, une étude biblique, une étude de théologie et de nombreuses réunions de prière dans toutes les salles !

L'élément religieux et les œuvres sociales se complètent d'une manière admirable. Tout, dans la Mission est l'application des principes émis par M. Hughes, dans ses conférences du dimanche. La Mission travaille tout d'abord au salut des âmes, mais elle s'intéresse aussi aux besoins du corps, de l'intelligence, de la famille, et de la société. Tous ses agents et toutes ses œuvres s'unissent en vue du même but : le salut éternel des pêcheurs et l'avancement du règne de Jésus-Christ !

VI. Les Résultats

§ 1ᵉʳ *Les succès et l'influence de la Mission*

Depuis l'époque de sa fondation, en octobre 1887, la Mission n'a cessé de prospérer. La statistique suivante montre ses progrès rapides.

En 1888 la Mission comptait 123 membres et 98 membres sous-épreuve
—	1889	—	483	—	110	—
—	1890	—	827	—	251	—
—	1891	—	1002	—	212	—
—	1892	—	1155	—	252	—

En 1893 la mission comptait 1342 membres et 345 membres sous-épreuve.
— 1894   —   1367   —   286   —
— 1895   —   1451   —   290   —
— 1896 (1)   —   —   —   —   —
— 1897   —   1615 membres y compris les membres sous-épreuve.
En Mai 1898   —   1514 — 171   —

Ces deux derniers nombres donnent un total de 1685 membres, le chiffre le plus élevé des annales de la Mission.

La vie chrétienne de ces 1865 membres se développe et donne de grands sujets de joie aux pasteurs et aux conducteurs de classe.

Les réunions de prières restent nombreuses et vivantes.

L'état d'un grand nombre de familles pauvres, visitées par les « sœurs », s'améliore peu à peu.

Toutes les réunions publiques sont suivies par des auditeurs avides d'entendre la Parole de Dieu. On a calculé, que, le dimanche soir, la Mission peut bien s'adresser à environ 8,000 personnes. La plupart des salles populaires se remplissent.

Mais c'est surtout à Saint James's Hall que l'œuvre est intéressante et prospère. Tous les dimanches soir, la salle est bondée. En hiver, des centaines de personnes, ne trouvant pas de place dans cet immense édifice, doivent se réunir dans une salle, au rez-de-chaussée, où un laïque dévoué préside à ce nouvel auditoire. Quelquefois, les deux locaux sont pleins et les arrivants doivent se retirer ! Aussi, M. Hughes, désirerait-il un plus grand bâtiment, qui serait la propriété de la Mission, et où il y aurait toutes les com-

---

(1) Nous n'avons pu trouver le chiffre des membres en 1896. Nous savons seulement que cette année-là il y avait une légère diminution dans la statistique des membres.

modités possibles pour les différentes réunions
religieuses.

Comme le directeur de la Mission est un de ces
hommes qui obtiennent ce qu'ils veulent, grâce à leur
énergie et à la générosité de leurs nombreux amis,
nous ne serions pas supris qu'en très peu de temps
il eût trouvé les fonds pour la construction de cet
édifice. (1)

La présence de Dieu se fait sentir dans les réunions
de la Mission ; l'Evangile est accepté de bon cœur, et
des âmes se convertissent. «Je ne sais, dit M. Hughes,
dans son dernier Rapport, comment assez reconnaître
l'immense et admirable bonté de Dieu. Il fait sans
cesse reposer sa bénédiction sur notre œuvre. Depuis
notre premier service dans « Saint-James's Hall », nous
n'avons jamais tenu de réunion, le dimanche soir,
sans obtenir des résultats, soit de conversions réelles,
soit de chrétiens qui se décident à se consacrer entièrement au service du Seigneur. »

A côté de ce succès, la Mission exerce une influence
bénie sur toutes les Eglises. Elle est appréciée, non
seulement par les Méthodistes, mais aussi par tous
les chrétiens. On a tellement reconnu son utilité à Londres, que l'un des pasteurs, M. Walters, vient d'être
élu membre du *Bureau ecclésiastique (vestry)* dans le
quartier de Saint-Pancras. Plusieurs de ses agents,
« sœurs » ou laïques, ont également été élus membres
des *Conseils de l'Assistance publique*. Un détail à noter:

____

(1) Un projet semblable, formé par MM. Hopkins et Meaking de la
« Mission du Sud de Londres », va être mis à exécution. Il fallait 500,000
francs : ces deux pasteurs ont fait appel à tous les Méthodistes ; tout
dernièrement, ils ont aussi convoqué une grande Assemblée dans
Exeter Hall et là, après la collecte, M. Hopkins a pu s'écrier, au
milieu des applaudissements de l'auditoire : « Nous avons trouvé les
cinq cent mille francs ! »

dans une dernière élection, deux candidats de la Mission ont été fortement recommandés par le Recteur d'une paroisse anglicane et par le Curé-Doyen d'une grande église catholique.

Ceci résulte évidemment de l'esprit si large de la Mission. Elle n'est sectaire, ni dans sa constitution, ni dans le but qu'elle veut atteindre. Elle accepte les dons et la collaboration de tous les chrétiens ; elle exerce ses œuvres philanthropiques en faveur de tous les malheureux. Catholiques, protestants, athées mêmes, tous sont entourés de soins, tous sont invités à se tourner vers Jésus-Christ.

« Comme Wesley, dit M Hughes, nous sommes les amis de tous et les ennemis de personne. » Nous vivons dans les rapports les plus fraternels avec le clergé anglican et les pasteurs nonconformistes du voisinage. Nous sommes heureux de nous mettre à la disposition des chrétiens de n'importe qu'elle communauté. (1) Notre seul désir, c'est de prendre part à la grande œuvre de la conversion de Londres à Jésus-Christ (2). »

L'influence de la Mission s'exerce également en dehors de Londres. Dans plusieurs villes d'Angleterre, des pasteurs évangéliques s'inspirent de ses exemples d'évangélisation populaire. L'année dernière, un chrétien de Birmingham écrivait à M. Hughes que la *West London Mission* avait été un puissant stimulant pour le Méthodisme, et il ajoutait : « Il est probable

---

(1) Le samedi, la Mission cède *Craven Hall* à des chrétiens qui évangélisent les Juifs du quartier de Soho.

Dans le même quartier, il y a également un grand nombre de Français. M. Hughes en parle dans l'un de ses rapports et demande s'il n'y aurait pas en France une « sœur » dévouée, prête à évangéliser ses compatriotes du *West-End*.

(2) Rapport de la Mission (1892). p. 13.

que, pendant votre vie, vous ne vous rendrez jamais entièrement compte de l'influence indirecte de votre œuvre sur toutes les Eglises Indépendantes (1). »

LES CAUSES DU SUCCÈS

Si on se rappelle que cette Mission « a commencé sans un membre et sans un centime et qu'elle se suffit maintenant à elle-même », on peut désirer connaître le secret de ce succès. Il est dû, selon nous, à plusieurs causes que nous allons indiquer.

1° *Le caractère et les capacités du Surintendant.* — M. Hughes est l'âme de son œuvre. « Son apparence personnelle, dit M. Lortsch, explique en grande partie son succès. Son allure jeune, dégagée, étrangère à toute guinderie, son regard d'aigle, qui est en même temps singulièrement jovial, lui gagnent tous les cœurs. Cet homme est un mélange de charme et d'autorité. » Il vous met parfois, nous dit une des « sœurs », en vous chargeant de tel ou tel travail, dans les situations les plus embarrassantes. Avec tout autre, on se révolterait ; mais avec lui, c'est un plaisir de se soumettre. »

2° *Le nombre des agents de la Mission.* — Dans une œuvre semblable, il est nécessaire que le pasteur soit secondé par des laïques dévoués. Or, à cet égard, la Mission du « West-End », est un chef-d'œuvre d'organisation. Les « Sœurs du peuple », les prédicateurs et les « stewards », par leurs nombreuses visites de maison en maison, font une œuvre bénie que les pasteurs ne pourraient pas accomplir personnellement, malgré toute leur bonne volonté.

3° *La division du travail.* — M. Hughes a le don de faire travailler ses collaborateurs en dressant un plan

---

(1) *The Methodist Times* du 13 mai 1897.

détaillé de tous les services. Les « sœurs » aussi ont leur tableau des réunions où elles auront à se rendre pour aider le prédicateur.

Par sa puissante organisation, la Mission ressemble à une vaillante armée, dans laquelle chaque soldat a un poste assigné, une arme spéciale, un but particulier. M. Hughes est comme un général qui, voyant toujours clairement où il veut en venir, donne des ordres précis à ses subordonnés qui sont toujours heureux de les suivre.

Cependant, le surintendant, malgré son autorité et son prestige, laisse beaucoup à l'initiative de ses aides. Tout en visant le même but, chacun travaille d'après ses méthodes et ses capacités. Aussi, la Mission réunit-elle *l'unité dans la variété.*

4º *Le séjour prolongé des pasteurs dans leur circuit.* — Si M. Pearse et M. Hughes n'étaient pas restés dix ans dans l'Ouest de Londres, l'œuvre admirable qu'ils commencèrent ensemble en 1887, n'aurait pas acquis les proportions qu'elle possède actuellement.

L'itinérance, nécessaire dans certains cas, ne doit pas toujours être appliquée aux œuvres d'évangélisation populaire qui ont besoin d'être affermies et développées.

5º *Le chant et la musique.* — Les concerts du samedi et du dimanche soir attirent toujours la foule et font prendre le chemin des salles populaires. Beaucoup de personnes, venues d'abord exclusivement pour la musique, restent souvent au service et arrivent ainsi à la conversion. Tel fut le cas d'une Française catholique qui se rendit, un dimanche soir, à « Saint-James's Hall ». Elle écouta la prédication de l'Evangile, qui ne lui avait probablement jamais été aussi clairement expliqué. Dieu toucha son cœur. Cette dame se convertit et, maintenant, elle est devenue une chrétienne fervente qui travaille, en France, au salut des âmes. (1)

6° *L'esprit de prière.* — Tous les membres de la Mission savent que leurs efforts seraient vains, sans la présence du Dieu qui bénit. Aussi, ont-ils de nombreuses réunions de prière, le samedi, le dimanche matin et quelques minutes avant les services publics. On sent que M. Hughes et ses collaborateurs sont remplis de foi et du Saint-Esprit. Comme les apôtres, ils ont leur « chambre haute », ils luttent à genoux et remportent de grandes victoires.

7° *Le dévouement et l'amour des agents.* — Dans leurs prédications comme dans leurs visites, ses agents sont mus par l'amour de Dieu et des âmes. Nous l'avons vu, c'est grâce à leur amour désintéressé, pour les pauvres et les malades, que les « sœurs » vont jusque dans les bas-fonds de Londres, et tendent une main secourable aux malheureux qui s'y trouvent. Aussi, pourraient-elles répéter, avec les autres ouvriers de la Mission, ces paroles d'un de nos cantiques de tempérance :

> Au travers des peines, — D'ennemis divers,
> Des mépris, des haines, — Parfois des revers,
> Notre œuvre s'avance, — Grandit chaque jour ;
> Car notre puissance — S'appelle l'AMOUR !

8° Enfin, la cause principale du succès de cette œuvre, c'est qu'elle est *approuvée et bénie de Dieu.* Les nombreux auditoires ; les conversions obtenues ; les joies que les missionnaires goûtent dans leurs travaux ; et partout, l'humble assurance avec laquelle ils affirment qu'ils ont été appelés à évangéliser l'Ouest de Londres, tout cela explique comment M. Pearse a pu dire : « Cette Œuvre nous a été imposée d'une ma-

---

(1) Ce fait a été raconté à M. Hughes par M. Merle d'Aubigné, le fils du célèbre historien. (Rapport de la Mission, 1897 ; p. 58).

nière étrange et inattendue. Pour bien des raisons, je ne serais pas entré dans ce champ de travail, s'il ne m'avait été clairement et irrésistiblémen indiqué par Dieu lui-même. Dans cet appel, auquel nous avons répondu, nous avons trouvé l'assurance de notre succès. La direction céleste nous a conduits pas à pas et cette Œuvre est l'œuvre de Dieu : A Lui toute la gloire ! » (1)

Peut-être objectera-t-on que nous sommes un admirateur trop enthousiaste de cette œuvre ?

Nous avons décrit la Mission, mais nous n'ignorons pas les difficultés qui surgissent. Il n'est pas facile d'accomplir une œuvre populaire dans une ville comme Londres, où la vie est si agitée ; où les gens quittent si souvent leurs quartiers, sans laisser d'adresse. Aussi, les pasteurs ont-ils parfois de grands découragements. Ils doivent souvent semer avec larmes, avant de recueillir avec chants d'allégresse. Les rapports de la Mission — qui ne pèchent certes pas par leur pessimisme — parlent aussi des difficultés et des nombreuses déceptions. « Les réunions de classe, dit l'un des rapports, sont des sujets de constante préoccupation pour leurs présidents. Le péché fait encore son œuvre parmi nos membres ; les nouveaux convertis nous échappent facilement. Les circonstances d'où ils émergent, sont si peu favorables à la piété, que souvent ils retournent au monde, si on ne les suit pas de très près, avec persévérance. »

Cependant, il est incontestable que, malgré ces difficultés, les efforts laborieux, la patience et l'amour des missionnaires ont été couronnés d'un succès remarquable. Et nous ne sommes pas seul à le recon-

____

(1) 1ᵉʳ Rapport de la Mission (1886), p. 19.

naître. Tous ceux qui visitent les différentes branches de la Mission en sont enthousiasmés. M. le pasteur Lortsh, dans un article où il décrit cette œuvre, termine par ces mots : « Décidément, cette Mission de M. Hughes, c'est l'Armée du Salut, moins ses défauts ! »

Nous nous permettons d'ajouter : Cette Mission, c'est le plus beau spécimen de ce que les Anglais appellent : le *Forward Movement*, « la Marche en Avant. » Ses ouvriers, pour annoncer l'Evangile aux masses, secouent la vieille routine et emploient des moyens en rapport avec les besoins de la société contemporaine. Ils n'ont peur d'aucune innovation pour attirer les foules aux réunions et les engager à Jésus-Christ. Quand ils le jugent nécessaire, ils ne craignent pas de parler du devoir politique des citoyens ou de faire des démarches auprès des autorités pour réclamer des règlements. Dans leur lutte contre le jeu, l'alcoolisme et l'immoralité, ils travaillent comme des soldats résolus à vaincre ou à mourir. Aussi, ces hommes et ces femmes énergiques, n'ayant qu'une seule passion au cœur — celle du salut des âmes — font une œuvre remarquable et abondamment bénie. (1)

Nul n'en disconviendra, une telle œuvre éveille l'admiration des chrétiens. Or, nous l'avouons sans hésiter, nous sommes un fervent partisan de ce *mouvement agressif* et nous voudrions voir une œuvre semblable dans notre France.

Mais, ici, une question se pose : Ses méthodes, si efficaces à Londres, pourraient-elles réussir aussi bien dans notre pays ? Dans quelle mesure pouvons-nous

---

(1) La Mission possède une publication mensuelle, comme aperçu de son œuvre. Ce journal s'appelle *Advance !* A lui seul, ce titre indique l'esprit et le but de la Mission.

imiter la Mission du « West-End » ? C'est ce qui nous reste à examiner en terminant notre travail.

VII. Les Méthodes de la Mission Méthodiste sont-elles applicables à l'Évangélisation en France ?

Avant de répondre à cette question, il est bon de faire deux remarques préliminaires.

Première remarque. L'Evangélisation populaire est beaucoup plus facile en Angleterre qu'en France, parce que la Bible y est mieux connue. De l'autre côté du Détroit, l'incrédulité et l'indifférence religieuse sont tout aussi grandes que chez nous ; mais les pasteurs anglais ont un avantage sur leurs collègues de France : ils s'adressent à des auditeurs en majorité protestants, qui ont une certaine culture biblique ; tandis que, dans notre pays, nous avons à faire à des auditeurs pour la plupart catholiques romains dénués de toute culture de ce genre.

Nos populations, confondant la religion du Pape avec celle de Jésus-Christ, finissent par ne plus croire à rien. Le catholicisme des masses fausse la conscience et obscurcit l'intelligence. Il est bien rare de rencontrer un catholique troublé par le sentiment du péché. Lorsqu'un homme vient à nous en exprimant le désir de mieux servir Dieu, il faut toujours se poser cette pénible question : Est-il bien sincère ? S'il l'est, il faut commencer par faire crouler l'échaffaudage de son éducation religieuse, de ses erreurs et de ses préjugés, lui enseigner les premiers éléments de la Parole de Dieu, et lui apprendre à prier autrement qu'en récitant des *Pater* et des *Ave Maria*.

En Angleterre, c'est tout autre chose. Quand des

pécheurs se convertissent, les pasteurs doivent, sans doute, les entourer de beaucoup de soins ; mais en général ils ne se trouvent pas en face d'une conscience faussée. Ils n'ont qu'à encourager les nouveaux convertis et à veiller sur le développement de leur vie chrétienne. Aussi, croyons-nous ne pas exagérer en disant qu'il est plus facile d'obtenir vingt conversions à Londres qu'une seule en France.

Mais, si les difficultés sont grandes, ce n'est pas une raison de se décourager. Notre zèle chrétien doit être à la hauteur de tous les obstacles. C'est à nous de chercher des méthodes efficaces pour renverser toutes les barrières.

Or, c'est ici que nous plaçons notre *seconde remarque* : Evitons avec soin tout ce qui est incompatible avec le caractère et le goût français. Il nous en coûte de le dire, mais nous devons le reconnaître : beaucoup de chrétiens étrangers — animés d'un profond amour pour la cause de Dieu — ont voulu prêcher, en France, l'Evangile à leur manière, sans bien savoir notre langue et sans tenir compte des tendances de notre esprit national. Avec des intentions excellentes, ils ont démoli d'une main ce qu'ils avaient construit de l'autre, et, dans certaines villes, ils ont rendu notre travail d'évangélisation beaucoup plus difficile.

Cela dit, nous croyons cependant qu'en bien des points, nous pourrions retirer de grandes leçons de l'exemple de la Mission du « West-End ». Plusieurs de ses méthodes, quelque peu modifiées, nous paraissent devoir être tout aussi efficaces chez nous qu'en Angleterre.

§ 1er. *L'Evangélisation proprement dite*

1° L'une des premières innovations à imiter de la Mission de M. Hughes, c'est, sans contredit, la formation d'une *association de « sœurs du peuple »*, dans chacun de nos postes d'évangélisation. Nos œuvres seraient bien plus efficaces si chaque pasteur avait à côté de lui des chrétiennes dévouées qui consacreraient leur temps et leurs dons à visiter les malades et les pauvres, à grouper les jeunes filles en unions populaires, à tenir des réunions pour mères de famille, etc.

Mais, pour cela, il faudrait des fonds. Or, malheureusement, nous n'en avons pas. Comment faire alors? Nous pensons qu'il y a un moyen de combler cette lacune : c'est de faire comprendre aux femmes pieuses qu'elles doivent *donner* un peu plus de leur temps à l'évangélisation et d'être, une ou deux fois par semaine, de *dames visiteuses*, des *lectrices* de la Bible, des messagères de paix auprès des malades et des déshérités. Dans leurs visites, elles distribueraient des traités, prieraient avec les personnes bien disposées et inviteraient les indifférentes à assister aux réunions populaires.

Une entreprise semblable entraînerait nécessairement des sacrifices et des humiliations. Mais ce ne serait que pour un temps ; les dames visiteuses, après quelques assauts, seraient vite aguerries et remplies de zèle pour leur œuvre. Du reste, que ne fait-on pas, quand on a l'amour de Dieu et des âmes ?

Cette innovation ferait du bien à tous. « En arrosant les autres, ces chrétiennes seraient elles-mêmes arrosées » (Prov. XI, 25) ; les personnes visitées, touchées par l'exemple du sacrifice, prendraient plus facilement le chemin de nos Salles ; les Eglises seraient plus florissantes et les réunions de prière plus édifiantes.

2° Comme dans la Mission du « West-End, » il est indispensable de recruter autant d'éléments masculins que possible pour en faire des *Auxiliaires dans l'évangélisation populaire*. Il nous faut des *portiers* pour inviter les passants ; des *aides* pour faire placer le monde, donner des cantiques et, au besoin, faire la surveillance des *moniteurs* et des *monitrices* pour les Ecoles du dimanche et du jeudi ; des *conducteurs de classe ;* des *prédicateurs laïques* et des personnes pour soutenir le chant. Avec une telle escorte de travailleurs volontaires, une œuvre d'évangélisation, commencée et poursuivie sous le regard de Dieu, ne peut pas manquer de réussir.

Malheureusement, en France, le pasteur est souvent seul. Dans bien des cas, il doit être à la fois prédicateur, organiste, agent pour maintenir l'ordre et même, s'il voit des gens debout à la porte, il doit se déranger pour les inviter à s'asseoir !

Dans certaines localités, il est d'autant plus difficile à l'évangéliste de recruter des collaborateurs que les quelques protestants de son Eglise ne sont pas favorables à l'évangélisation. Au lieu d'être l'avant-garde dans toutes les réunions, de diriger le chant et de soutenir le pasteur, ils préfèrent rester dans leur vieille routine, s'enfermer dans leur petite chapelle ou dans leur temple à moitié vide, et se lamenter sur le peu de vie de leur Eglise !

Le pasteur doit-il se décourager ? Bien au contraire. Il doit redoubler d'ardeur pour son œuvre d'évangélisation, prier avec foi pour la conversion de ses paroissiens et leur répéter sans cesse : « Gardez-vous de mettre la lumière sous le boisseau ! Si vous continuez à vivre dans l'égoïsme, au jour du Jugement, Dieu vous demandera compte de votre impardonnable paresse. Donnez-moi la main et marchons tous ensemble à la conquête des âmes ! »

Quand quelques personnes seront réveillées, le pas-

teur devra les grouper, travailler à leur développement spirituel et leur donner un emploi dans la salle.
A tout prix, il faut chercher des collaborateurs béné-
voles ; car, dans l'évangélisation plus que partout
ailleurs, « il n'est pas bon qu'un homme reste seul ».

3° Comme moyen de propagande religieuse, il est
évident que, pour le moment, nous ne pouvons songer
à la *prédication en plein air*, dans les rues ou sur les
places publiques. « Pourquoi faut-il, dirons-nous avec
M. le professeur Henri Bois, que la loi et les mœurs
de notre pays ne nous autorisent pas à pratiquer nous-
mêmes ce mode si simple, si apostolique, si chrétien,
d'évangélisation ? (1) Ah ! puisse venir le jour où notre
peuple possédera autant de liberté que les peuples
qui en possèdent le plus, à condition que ce jour-là
aussi notre nation apprenne à user de la liberté aussi
bien que les nations qui en usent le mieux ! En attendant cette heure de grâce, où Dieu appellera les chrétiens français à sortir, eux-aussi, comme les servi-
teurs de la parabole, dans les carrefours et dans les
chemins, pour appeler aux Noces tous ceux qu'ils
trouveront, que la contemplation de ce que nous ne
pouvons pas faire ne nous détourne pas de ce que
nous pouvons accomplir. » (2)

En attendant que nous ayons la liberté de prêcher
partout, profitons des moyens que nous possédons
encore pour annoncer l'Evangile à notre peuple. Mentionnons entre autres :

Les Réunions à la campagne, en été. Chacun sait
que, dans le Midi, ces services en plein air, tenus sous
l'ombrage des grands arbres, attirent toujours une

---

(1) Sauf erreur, M. le pasteur Louis Lenoir a obtenu la permission
de tenir une école dans les rues de Marseille.
(2) *Revue du Christianisme pratique* — novembre 1890, p. 598.

foule de catholiques curieux, de protestants indifférents et de jeunes gens qui n'assistent guère à d'autre
culte ;

Les voitures bibliques, avec lesquelles les colpor-
teurs vont de foire en foire et parcourent les campa-
gnes pour placer les Saintes-Ecritures ;

Les bateaux missionnaires, pour prêcher l'Evangile
dans nos ports et sur nos rivières. Il est à souhaiter
que nos protestants riches, comprenant qu'ils doivent
évangéliser la France, nous donnent de nombreux
bateaux missionnaires pour sillonner nos fleuves et
porter ainsi la parole de Dieu dans toutes les villes
situées sur nos voies navigables ; (1)

La distribution intelligente des traités et, le jour de
la Toussaint, des *lettres de consolation* publiées chaque année, pour les milliers d'affligés qui vont pleurer
sur les tombes de ceux qu'ils ont perdus. Mais qu'on
ait soin de choisir les publications à distribuer et
qu'on évite celles qui trahissent une origine étrangère.
Gardons-nous d'offrir un aliment à l'esprit haineux et
calomniateur des adversaires de la foi.

Enfin et surtout, les *réunions de quartiers* à la ville
et à la campagne. Dans chaque quartier, une famille
invite ses voisins à chanter, chez elle, des cantiques.
Le pasteur vient leur faire un petit culte et, le dimanche, elles vont plus volontiers à la salle populaire.

4º S'il ne nous est pas possible de prêcher dans les
rues, pouvons-nous, du moins, donner des *conférences sur les questions sociales ou autres ?* Non, dira-t-on,
peut-être ; nos institutions ne le permettent guère ; il

---

(1) L'influence de la Misssion s'étend même en dehors de l'Angleterre.
L'année dernière un visiteur, venant d'Australie, déclarait que les
chrétiens de son pays, remplis d'admiration pour l'œuvre de M. Hughes, avaient commencé des Missions semblables dans les principaux
centres du continent australien.

ne serait pas prudent de s'occuper de politique ou de questions trop actuelles ; la mission du pasteur n'est-elle pas de se borner à prêcher l'Evangile?

Nous nous permettrons d'émettre une opinion contraire. Tout en visant toujours à la conversion des âmes, nous devons nous occuper aussi de la vie matérielle des individus et de la société, en montrant que le Christianisme doit s'appliquer à tous les milieux, à toutes les professions et à tous les jours, au lundi, au samedi aussi bien qu'au dimanche.

N'obtiendrons-nous pas plus facilement l'adhésion des âmes si les milieux sont mieux préparés? Ne gagnerons-nous pas la sympathie des ouvriers si nous leur prouvons que nous nous intéressons à leur sort? D'où vient que tant de personnes repoussent l'Evangile ? C'est parce que nous avons trop agi comme si le Christianisme n'avait rien à faire dans l'amélioration de leur existence. Comme l'a dit M. Hughes, « nous avons été si absorbés par les intérêts de l'âme, que nous avons oublié les malheurs de la société. Nous nous sommes tellement occupés des délices du ciel, que nous avons délaissé bien des devoirs à remplir sur la terre. » (1)

Il ne faut pas qu'il en soit ainsi. Aujourd'hui, plus que jamais, les pasteurs doivent être *Socialistes* dans le vrai sens du mot et travailler au progrès moral de la patrie. « Notre devoir, comme le disait un chrétien, n'est-il pas de mettre en lumière ce fait que le

----

(1) 1er rapport de la Mission (1888), p. 8. — *La Sentinelle*, journal antialcoolique, dans son numéro du mois d'août 1896, exprime, sous une forme différente, l'idée de M. Hughes. « L'alimentation, dit-elle, le vêtement et la santé rentrent bien décidément dans l'Evangile du jour, et celui qui n'a rien autre à prêcher que ce qui concerne le ciel, l'enfer et la théologie, prêche à des bancs vides, ou, s'il parle en plein air, s'adresse au gazon, aux arbres et au gravier des avenues !

Christianisme est le plus noble, le plus pur des socialismes? La Bible en est le vrai recueil et Jésus-Christ le vrai fondateur... Ce qu'Il a été, son Eglise doit l'être à son tour : *l'ennemie implacable de l'injustice, de l'oppression et du mal, de quelque côté qu'il vienne...* Rien n'est plus opposé à l'esprit du Sauveur que l'*insouciance* à l'égard du bien être du peuple. » (1)

Aussi affirmons-nous que le pasteur a tout à gagner à donner, de temps en temps, des conférences sur les questions qui concernent les pauvres, la tempérance et la moralité publique. Sans doute, il ne doit pas devenir un champion politique, mais il peut rester dans les limites de ses fonctions en donnant des conférences sur les *devoirs civiques* des citoyens et sur la nécessité de n'envoyer au Conseil municipal ou à la Chambre des députés, que des hommes énergiques, résolus à faire des lois contre le jeu, l'alcool et le vice. En agissant ainsi, le serviteur de Dieu ferait une œuvre à la fois chrétienne et patriotique.

Les sujets à traiter, dans ses réunions spéciales, sont nombreux et variés : un livre important qui vient de paraître, l'influence du christianisme chez les païens, nos différentes œuvres de relèvement et de bienfaisance, Jésus-Christ et les masses, la vie d'un homme illustre, une catastrophe, une guerre, la paix, l'arbitrage international, une iniquité criante dans la localité, une question de controverse religieuse, un préjugé, les arguments d'un matérialiste... sont tout autant de sujets à développer en public. Du reste, chaque pasteur, en se tenant au courant de ce qui se passe, peut toujours trouver des sujets actuels et pratiques. S'il les annonce dans les journaux, s'il les

---

(1) *La Sentinelle* du mois d'août 1896. Extrait d'un article intitulé : « L'Eglise et les prolétaires. »

traite avec tact et toujours au point de vue chrétien, en montrant que l'Evangile résout toutes les questions, il aura pour auditeurs des gens qu'il ne recrutera par aucun autre moyen.

5° Cela dit, nous reconnaissons que les pasteurs doivent diriger leurs plus vigoureux efforts vers la prédication de l'Evangile et vers la conversion des âmes. Si nous devons donner des conférences, il nous faut, avant tout, tenir des réunions d'évangélisation.

Or, c'est ici, qu'à l'exemple de M. Hughes et de ses collègues, nous devons chercher à rendre nos services populaires aussi intéressants que possible, par *une bonne musique et un chant entraînant.*

Nul n'ignore la puissance du chant ; que de fois un cantique, chanté avec expression, a été le moyen de la conversion de quelque âme troublée ! Aussi ne saurions-nous trop cultiver le chant, la seule partie du service où l'auditoire prenne vraiment une part active.

Nous avons, parmi nos habitués, des personnes qui ont une voix forte, mais pas toujours juste. Il faut les grouper, avoir des réunions de chant et former ainsi un chœur bien exercé. Pour varier le programme de nos services, nous pourrions avoir, de temps en temps, un solo ou faire chanter d'abord les versets par une personne ayant une voix juste et forte, puis, faire répéter le chœur par toute l'assemblée.

Enfin, nous pensons qu'à l'instar de la Mission de Londres, il serait bon d'avoir dans nos Salles populaires un petit orchestre pour accompagner les cantiques. Quand nous avons quelques jeunes violonistes dans nos réunions, invitons-les à se joindre à l'organiste pour diriger le chant. C'est un moyen de les gagner à l'Evangile et, s'ils se sentent utiles à notre œuvre, ils se feront un plaisir et un devoir d'être là, le dimanche soir, sur l'estrade, avec leurs instruments.

Peut-être nous reprochera-t-on d'avoir, sur ce point, des idées trop *salutistes*. Il faut avouer, en effet, que l'*Armée du Salut*, avec sa musique décidément trop bruyante et peu harmonieuse, s'est souvent fait tourner en ridicule. Cependant, sans tomber dans ces exagérations, nous croyons que nous pourrions avoir, en petit, ce que la Mission de M. Hughes possède en grand. Car, pourquoi les chrétiens seraient-ils effrayés de ces petites innovations? Le monde fait de la réclame pour le mal, pourquoi n'en ferions-nous pas pour le bien ? Il se sert de la musique dans les théâtres, dans les bals et dans les cafés-concerts, pourquoi ne l'emploierions-nous pas dans nos salles populaires ? Nous en sommes convaincu : un chœur bien exercé, un chant nourri et entraînant, et même, au besoin, quelques instruments de musique sont autant de moyens qu'il ne faut pas dédaigner s'ils peuvent nous aider à remplir les bancs vides de nos lieux de culte.

6° Mais, il ne suffit pas d'attirer des auditeurs par le chant ou la musique, il faut encore captiver leur attention, réveiller leur conscience, toucher leur cœur et les gagner à Jésus-Christ.

Il faut, en un mot, leur *prêcher l'Evangile*.

Or, pour atteindre son but, notre prédication doit revêtir plusieurs caractères essentiels. Elle doit être :

Aussi *intéressante* que possible, et, à cet effet, émaillée de comparaisons, de faits, voire même d'anecdotes judicieusement choisies qui forcent l'auditeur à écouter ;

— *précise*, articulant nettement les vérités du salut ;

— *directe*, visant droit à la conscience et obligeant le pécheur à s'écrier : « Cette fois-ci, c'est bien de moi qu'il s'agit, je ne puis échapper ; »

— *pressante*, réclamant de nos auditeurs une décision ferme pour Christ et une décision immédiate :

pas demain, pas dans une heure, mais maintenant !
(Voir : *Comment réveiller nos Eglises ?* — par M. le
pasteur J. Séquestra. p. 14-17)

7° Cet appel puissant, ce cri d'alarme jeté à la
conscience ne doit pas rester sans résultats. Les
pécheurs se réveilleront et se décideront à se donner
à Christ. De là, la nécessité des *Réunions de décision*,
semblables à celles de M. Hughes, à « Saint-James's
Hall. » (1)

Nous ne pensons pas qu'il faille tenir une réunion
de ce genre après chaque service. Il faut se laisser
diriger par l'Esprit de Dieu. Si l'influence est bonne, si
les auditeurs paraissent émus, s'il y a un souffle de
réveil dans la salle, oh ! alors ne manquons pas de
jeter le filet. Si nous avons une *série de réunions de
réveil* — et nous devons en tenir, à la condition de les
préparer, longtemps à l'avance, par la prière persévérante — ayons aussi des réunions plus intimes qui les
suivent.

Quant à la manière de les diriger, soyons aussi simples que possible. Ayons, tour à tour, des passages de
la Parole de Dieu, des cantiques bien choisis, des
prières courtes et ferventes et des moments de prière
silencieuse. Dans nos appels, insistons avec amour
auprès de nos auditeurs, faisons-leur comprendre que
le moment solennel où « Jésus de Nazareth passe »
auprès d'eux pour leur offrir le pardon, peut devenir
le plus beau moment de leur vie, s'ils répondent à son
invitation, ou l'heure la plus néfaste s'ils endurcissent
leur cœur.

Et surtout, n'oublions jamais que nous ne sommes

---

(1) Il est absurde, fatal même, dit le *Methodist Times* du 15 avril 1897,
de faire de pressants appels aux pécheurs si on ne leur donne pas
ensuite l'occasion de se décider publiquement pour Jésus Christ.

que de faibles instruments et que le Saint-Esprit, seul, peut vaincre les résistances, briser les cœurs et pousser les âmes à « choisir la bonne part ». Aussi, avant chaque réunion, ayons soin, comme le Sauveur, de nous fortifier dans la communion avec notre Père Céleste. Luttons à genoux. Prions pour l'auditoire. Prions surtout pour nous-mêmes. Demandons un puissant baptême du Saint-Esprit. Puis, quand le Seigneur nous aura revêtus de son armure invincible et remplis de son « Esprit de force, de charité et de prudence, » descendons avec confiance dans l'arène et approprions-nous cette promesse du Dieu vivant : « Va, maintenant, je serai avec ta bouche et je t'enseignerai ce que tu auras à dire. » (Ex. iv, 12).

8° Les personnes qui se donnent à Dieu, aux réunions de décision ou ailleurs, ne doivent pas être abandonnées.

Il faut les grouper et avoir pour elles des *services d'édification*, des *réunions d'entretiens*, des *réunions de prière* et des *études bibliques*, sans manquer de les visiter encore à domicile.

A côté de ces moyens de grâce pour les adultes ou les chrétiens, nous devons avoir, comme la Mission de Londres, des *services spéciaux pour la jeunesse*, des *Ecoles du dimanche* et *du jeudi* et des *Unions* pour enrôler les jeunes gens et les jeunes filles dans les rangs de l'Eglise. En un mot, nous ne devons rien négliger, pour annoncer l'Evangile aux foules qui l'ignorent et pour gagner des âmes immortelles à notre Sauveur.

§ 2 *Les œuvres sociales*

1° LES OEUVRES DE RELÈVEMENT

Aujourd'hui, en France comme en Angleterre, les chrétiens comprennent qu'ils doivent prêcher fidèle-

ment l'Evangile sans négliger ses applications sociales.
Aussi soutiennent ils de nombreuses œuvres de relèvement et de bienfaisance.

Nos Eglises, voyant les ravages de l'alcoolisme, fondent des *Sociétés de Tempérance*. La *Croix Bleue* fait des progrès. Les *Ligues antialcooliques* se multiplient. Les enfants eux-mêmes, s'enrôlent dans ces sociétés. Il serait à désirer que ce mouvement se propageât dans toutes les villes et même dans les villages.

Quand on pense aux effets funestes de l'alcoolisme, il faudrait n'avoir aucun sentiment patriotique ou humanitaire, pour ne pas commencer immédiatement une œuvre agressive de Tempérance. Il est grand temps, que non seulement les pasteurs, mais aussi tous les chrétiens, se mettent à la tête du mouvement antialcoolique, et fassent une forte propagande en faveur des sociétés de tempérance ; qu'ils fondent des sections de *l'Espoir* pour l'enfance et arrêtent le flot impur qui envahit notre beau pays.

A côté de l'alcoolisme, se trouve un autre ennemi, tout aussi redoutable ; nous voulons parler de *l'immoralité*, qui se manifeste par la prostitution réglementée (1), par la presse immonde, par les images obscènes et par les romans corrupteurs.

Que pouvons-nous faire pour les pauvres victimes de l'inconduite ? Nous souhaitons, qu'à l'exemple des « sœurs » de la Mission méthodiste, il y ait dans nos

---

(1) Ce n'est pas seulement à Londres que le vice s'étale sans pudeur. En France, il est aussi des misérables qui profitent de leur supériorité pour maintenir dans l'abjection plus de 500,000 créatures, dont 30.000 environ sont, de par l'Administration, enrégimentées, contrôlées, casernées et condamnées au vice. (*Voir Les Ennemis de la Jeunesse* (1897) p. 119).

grandes villes de jeunes et vaillantes chrétiennes qui affrontent courageusement toutes les difficultés, et se fassent les *amies* de toutes les pauvres filles en danger de tomber dans la fange. Nous souhaiterions aussi qu'il y eût en France des « Homes » hospitaliers, où les créatures perdues pourraient se réfugier, en vue d'une vie nouvelle (1).

Mais nous désirons surtout que le mal soit combattu par des lois énergiques. Or, comme ces lois ne sont que l'expression de la volonté de la nation, il importe que tous les chrétiens, les pasteurs en tête, forment un puissant courant d'opinions contre tous les vices. Dans ce but, donnons des conférences ; faisons signer de nombreuses pétitions ; fondons des sections de la *Ligue française pour la Moralité publique* ; distribuons et faisons connaître son organe, le *Relèvement Social* ; jetons des cris d'alarme à la Jeunesse qui sombre dans les flots du mal et protégeons-la contre les plus fâcheuses influences.

2° LES ŒUVRES DE BIENFAISANCE

Le Protestantisme français, comme la Mission dont nous avons parlé, a fondé de nombreux *orphelinats*, des *asiles* pour les aveugles, des *hospices* pour les vieillards et bien d'autres institutions qui sont la gloire du Christianisme. Tout ce que nous pouvons souhaiter, c'est de les voir se multiplier, sinon dans chaque ville, du moins dans toutes les régions.

L'idéal, serait d'avoir ces établissements dans chacun de nos postes d'évangélisation et d'y ajouter un *dispensaire* pour des consultations gratuites, où l'on

---

(1) Il existe un de ces « Refuges » à Nimes et un à Paris. Pourquoi n'y en aurait-il pas dans la plupart de nos grandes villes ?

ferait un culte aux malades, d'avoir aussi une *crèche* où les mères de famille pourraient apporter leurs enfants, afin de travailler elles-mêmes plus facilement, des *caisses d'épargne populaire*, un *dépôt* de marchandises à bon marché pour les pauvres, et surtout, une *assistance par le travail* (1).

Si le pasteur n'a aucune de ces institutions à sa disposition, il ne laissera passer aucune occasion pour en montrer la nécessité; il plaidera la cause du pauvre; il visitera les hôpitaux et ne fermera jamais son cœur aux souffrances des malheureux. Cependant, il devra toujours agir avec prudence ; il aura pour principe de ne jamais donner un centime aux chevaliers d'industrie, et il montrera qu'il est avant tout un prédicateur de l'Evangile, et non pas un banquier ou un agent de placement.

3ᵃ LES RÉUNIONS FAMILIÈRES

S'il est nécessaire de venir en aide aux malheureux, il faut aussi procurer aux habitués de nos Salles, et surtout aux nouveaux convertis, des heures de délassement et de gaîeté, pour remplacer les plaisirs du bal, du théâtre ou du cabaret, et pour leur montrer qu'ils peuvent passer des moments joyeux, tout en restant chrétiens.

---

(1) En 1889, la *Mission Intérieure* a ouvert, à Lausanne, un chantier de bienfaisance, où chacun peut adresser, en leur remettant un bon de travail, pour une ou plusieurs heures, les hommes valides qui viennent solliciter gîte ou souper. Au lieu de recevoir l'aumône, ils sont armés d'une hache et d'une scie, et, après un travail plus ou moins prolongé, obtiennent, à la sortie, un repas ou un coucher honorablement gagnés.

C'est sur cette base qu'a été fondée, il y a près de 20 ans, à Belleville, l'œuvre du pasteur Robin qui est en train de faire souche dans d'autres quartiers de Paris, et dans plusieurs villes de France, notamment à Nîmes.

Les *Réunions pour mères de famille*; les *Salons populaires* (1) ; les *Soirées familières*, avec chants, récitations, musique, jeux innocents, etc., sont d'excellentes institutions à introduire, de plus en plus, dans nos œuvres d'évangélisation.

Nous pensons aussi qu'il serait bon de penser aux infirmes et d'avoir, pour eux, une association semblable à *l'Union des Infortunés*, fondée dans l'Ouest de Londres. Ce serait une charité de procurer un peu de bonheur à ces malheureux qui n'ont aucun rayon de joie dans leur vie et qui, dans bien des cas, ne rencontrent jamais de sympathie autour d'eux.

Mais c'est surtout à la Jeunesse que nous devons penser. Les *Unions chrétiennes* ; les *Associations* diverses ; les *Réunions littéraires* ; les *Concerts*, avec récitations ; les *Courses à la campagne*, les jours de fête (à l'exception du dimanche) ; etc., sont autant de moyens de garder les jeunes gens dans l'Eglise et d'en attirer d'autres à Jésus-Christ.

On nous reprochera, peut-être, de faire une trop grande place à ces nombreuses institutions. Nous les croyons cependant toutes nécessaires, pourvu qu'elles soient uniquement un moyen de sauver les âmes. L'Evangélisation populaire et les Œuvres sociales s'unissent dans une parfaite harmonie. A l'exemple du Sauveur, nos Eglises doivent présenter le baume de la grâce divine aux âmes « travaillées et chargés », sans oublier de panser les plaies du corps. Les messa-

---

(1) *Salon Populaire !* Telle est l'enseigne qu'on peut lire, à Honfleur, sur la porte d'une boutique de médiocre apparence. On sait aussi que la plupart des cafés ont des salons pour le peuple. Pourquoi nos Salles ne pouraient-elles de temps en temps être également transformées en salons, pour nos auditeurs fidèles ? Ceux-ci recevraient une invitation personnelle du pasteur. La soirée, comme toutes les autres réunions familières, se terminerait par un culte de famille et tout le monde serait content.

gers du salut doivent essuyer toutes les larmes : celles
de la repentance et celles de la souffrance.

Le pasteur, dans ses conférences ou dans ses visites,
au service public ou à une soirée familière, suivra
partout les traces de son divin Maître, qui se rendait
sympathique à tous, prêchait « l'Evangile du Royaume », bénissait les enfants, pleurait sur les doulou-
reuses conséquences du péché, mais, en même temps,
consolait les affligés, guérissait « toutes sortes de
maladies et de langueurs parmi le peuple » et multi-
pliait les pains pour rassasier les foules affamées
qui le suivaient.

Telle est la « glorieuse position d'un homme qui a
rencontré le Sauveur et s'est mis à son service. Armé
du glaive de la Parole, il peut briser les chaînes de
Satan ; animé des sympathies du Christ, il sait tendre
aux victimes de l'ennemi une main secourable et
bander leurs plaies. Foi et charité, prédication et
bienfaisance : telle est la devise de toute activité chrétienne digne de ce nom (1). »

---

(1) *L'Evangélisation et les Œuvres de bienfaisance et de relèvement*.
Rapport présenté par M. Périllard aux Conférences qui eurent lieu à
à Paris, du 14 au 17 octobre 1890, pour « le progrès de la Vie chrétienne
et de l'Evangélisation. »

CONCLUSION

....
Sauve, sauve la France,
Ne l'abandonne pas.

Telle est la prière que les catholiques adressent, en chantant, à la Vierge, lorsqu'ils reviennent d'un pélerinage.

Seigneur, sauve la France ! Telle est aussi la requête que nous faisons monter avec foi vers le ciel, en l'adressant, non pas à la Mère du Sauveur, qui ne saurait sauver, mais au nom de Jésus, à Dieu lui-même.

Mais, nous ne nous contenterons pas de répéter avec ferveur : « Sauve la France ! », nous travaillerons nous-mêmes à son salut, en nous servant des méthodes les plus efficaces, et surtout, en étant animés de l'esprit et du zèle de la Mission dont nous venons de parler.

Sans aucun doute, nos Eglises auront beaucoup à faire pour amener nos populations au pur Evangile. Dieu pourrait nous redire, comme à Josué, après ses premières conquêtes : « Le pays qui nous reste à soumettre est très grand. » (Jos. XII. 1). Plus de trente-cinq millions d'âmes, retenues sous le joug de Rome ou dans l'athéisme ne connaissent pas grand'chose de la glorieuse liberté des enfants de Dieu. Les vents houleux du scepticisme et de l'incrédulité soufflent sur notre peuple. Les flots impurs de l'immoralité et de l'alcoolisme envahissent le pays que nos pères, même dans leur détresse, appelaient « le plus beau royaume, après le Royaume des cieux! »...

Et pourtant, nous ne devons pas perdre courage. Chaque chrétien peut répéter ces paroles du pasteur Bersier : « Je sais tout ce que l'on nous a dit, je sais tout ce que l'on nous dit encore sur l'impossibilité de ramener notre peuple à l'Evangile, sur la résistance invincible des préjugés et des antipathies contre lesquels viendront se briser nos efforts. Je le sais, mais *cela ne me découragera jamais : non, je ne puis consentir à douter ni de la nature humaine, ni de la Puissance de Dieu.* » (1)

Les obstacles sont grands, peut-être, mais que sont-ils contre cette Puissance de l'Eternel ? L'Evangile, dont notre peuple a tant besoin, n'est-il pas, en France, comme ailleurs, « la Puissance de Dieu pour le salut de tous ceux qui croient » ? Le Seigneur Tout-Puissant qui, dans les siècles passés, a soutenu nos pères dans la persécution et dans l'exil, irait-il maintenant abandonner la France ? A Dieu ne plaise !

Pour nous, nous sommes plein de confiance, et nous aimons à saluer le jour béni où l'Evangile sera accepté par tout notre peuple. Alors, les centres corrupteurs se fermeront ; nos temples, nos chapelles et nos Salles populaires se rempliront de foules avides d'entendre la Parole de Vie ; les âmes se convertiront ; les familles liront la Bible et auront leur culte domestique, d'où montera, matin et soir, la prière du cœur ardent et reconnaissant ; les défenseurs de la Patrie seront en même temps de vaillants soldats de Jésus-Christ ; nos députés et nos sénateurs, animés de principes chrétiens, protégeront le droit, la justice et la

____

(1) Bersier : *Sermons choisis*, p. 293.

liberté ; nos gouverneurs arboreront le drapeau de l'Evangile ; et notre peuple, « marchant à la lumière de l'Eternel », verra des jours glorieux.

Est-ce là une utopie ? Nous ne le pensons pas. Mais pour que ces beaux jours se lèvent bientôt, il faut que toutes nos Eglises se mettent à l'œuvre et soient des *Eglises vraiment Missionnaires*. Il faut des pasteurs et des laïques remplis du Saint-Esprit et pouvant dire, comme Saint Paul : « Malheur à moi si je n'évangélise point ! » Il faut des jeunes gens, pleins de zèle et d'amour pour les âmes, qui se lèvent en masse, pour évangéliser leur patrie ; il faut des hommes et des femmes extraordinaires, des apôtres du Progrès qui, dans leur lutte contre le péché, soient résolus à vaincre, en comptant sur Dieu.

La bataille a commencé. Le clairon résonne et annonce déjà les premières victoires de l'Evangélisation ! Des âmes se convertissent : ici et là, nos Eglises sont en réveil ; des villages entiers reçoivent avec joie l'Evangile éternel; des prêtres même, armés d'un saint courage, secouent le joug de Rome et viennent renforcer les rangs de notre armée. Gloire à Dieu ! Le Règne de Jésus-Christ progresse. L'horizon de l'Evangélisation n'avait jamais paru aussi beau. Et nous pourrions nous décourager ! Laissons les timides et les lâches gémir dans leur pessimisme ; mais pour nous, chrétiens, regardons à notre divin Chef, « combattons vaillamment pour notre peuple » (1), et, comme le disait autrefois un jeune Parisien :

> « Crions à Dieu pour que notre patrie
> S'éveille enfin de son sommeil de mort ;
> Que constamment tout chrétien français prie,
> Et, par la foi, changeons son triste sort.

---

(1) II Sam. x. 12.

Oui, qu'à ces soins chacun de nous s'applique :
Nous l'obtiendrons ! Indicible bonheur !
Temple, maison, rue et place publique,
Tout redira le beau Nom du Sauveur !

Allons ! Allons ! enfants du Dieu de gloire,
Levons nos fronts trop longtemps abattus ;
Comme aux beaux jours de notre sainte histoire,
Chrétiens, vivons et mourons pour Jésus !
L'aurore vient de ce jour magnifique
Où, secouant les fers de l'oppresseur,
Tout l'univers, dans un même cantique
Proclamera le beau Nom du SAUVEUR ! »

NIMES, IMPRIMERIE COOPÉRATIVE *LA LABORIEUSE*
(Association ouvrière)

www.ingramcontent.com/pod-product-compliance
Ingram Content Group UK Ltd.
Pitfield, Milton Keynes, MK11 3LW, UK
UKHW020023100726
13658UKWH00003B/1076